ウルトラマラソン必勝バイブル

正しい知識と攻略法で完走できる！

ウルトラマラソン 100km元世界記録保持者
元日本代表選手団 リーダー兼コーチ
砂田貴裕 監修

メイツ出版

昨今のウルトラマラソンのブームは、フルマラソンのトレーニングの一環としてだけでなく、過酷なレースへステップアップしたいという考えのランナーが、着実に増えていることが背景にあるようです。

完走率70パーセント前後ともいわれる難易度の高いウルトラマラソンに対し、シリアスランナーはもちろん、歩いてでも完走したいという初心者ランナーたちが挑戦しています。

この競技の魅力は、何といっても「自信と達成感」です。ウルトラマラソンに対しての距離の不安を完走という形で解消したときの喜びは、とても大きなものです。

そして、もう一つあげるとすれば、走っているときの内容・中身ではないでしょうか。100kmという長い道のりには、色々な発見があり、コース上の景色をみながら、気候や環境を肌で感じ、見知らぬ土地の風土までも楽しむことができます。

レースが終われば、他のランナーと健闘を称え合い、選手同士で交流するなど、トータルで楽しむことができるのもウルトラマラソンの魅力ではないでしょうか。

本書はウルトラマラソンに挑戦するランナーが、どのような目標を設定し、練習を積んでいけば良いか、レース前の準備やレース中の走り方のポイントなど、「完走する」「好タイムを出す」ためのノウハウをアドバイスしています。

本書を手にとったランナーの方々が充実したランニングライフをおくり、ウルトラマラソンの完走と好タイムにつなぐことができれば幸甚の至りです。

監修／砂田貴裕

ウルトラマラソンの魅力

完走の先にある「自信と達成感」を目指して挑戦する

この本の使い方

この本はウルトラマラソンに挑戦する人が完走し、好タイムを記録するためのテクニックや考え方、準備、トレーニング等を解説している。これまでフルマラソンを走ったことがないような初心者はもちろん、フルマラソンでの「サブ4」や「サブ3」経験があるランナーでもレベルアップできる内容となっている。

ランナーに必要な技術やフォームの注意点、上達するための考え方を解説しているので、読み進めることで着実にスキルアップすることができる。克服したいという苦手な項目があれば、そこだけをピックアップしてチェックすることも可能。各ページには、解説を要約する「コツ」があげられている。

タイトル
このページでマスターするコツとテクニック名、テーマが一目でわかる。ランナーに必要な技術や考え方を理解しよう。

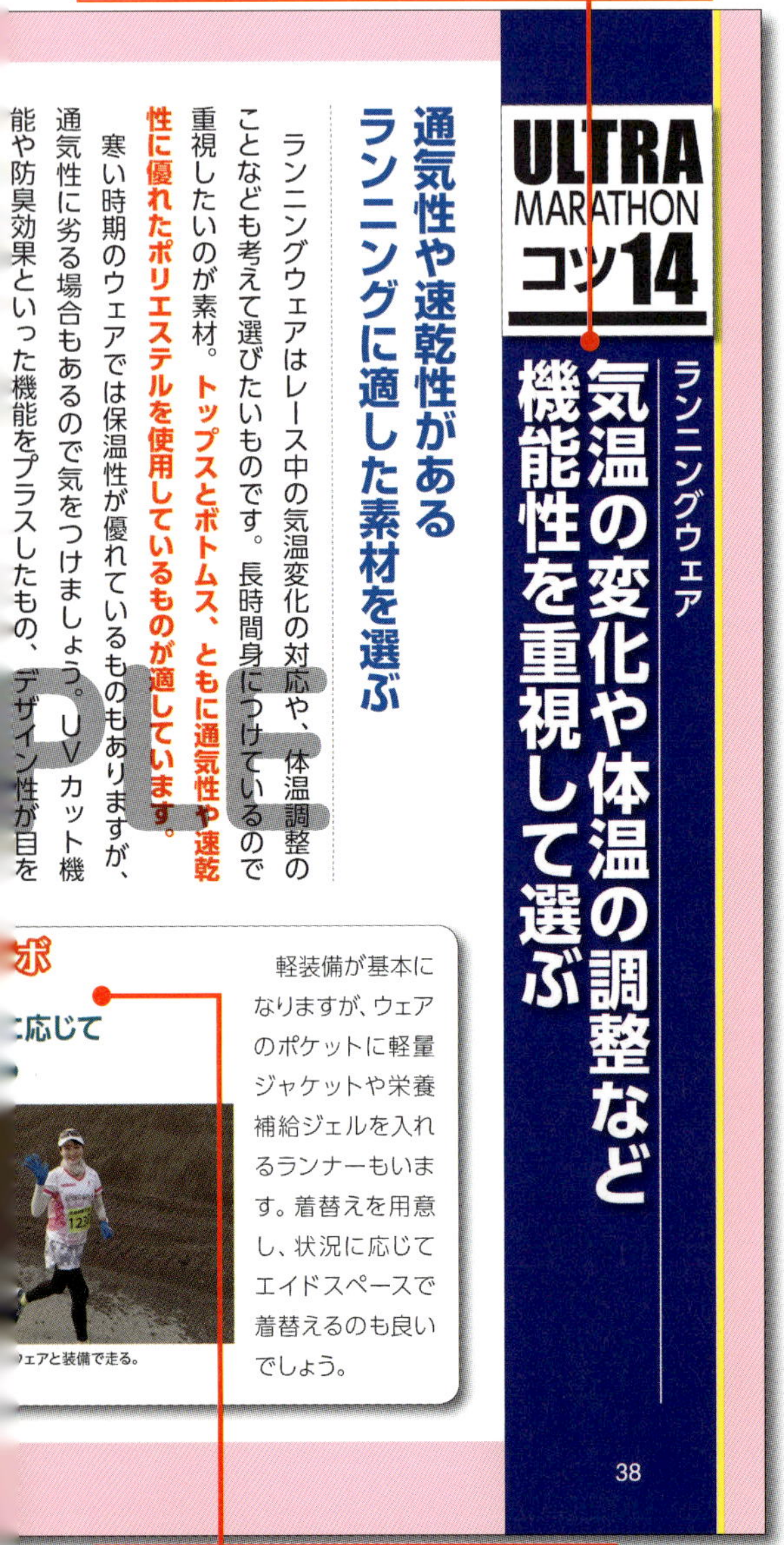

ULTRA MARATHON
コツ14
ランニングウェア
気温の変化や体温の調整など機能性を重視して選ぶ
通気性や速乾性があるランニングに適した素材を選ぶ
ランニングウェアはレース中の気温変化の対応や、体温調整のことなども考えて選びたいものです。長時間身につけているので重視したいのが素材。トップスとボトムス、ともに通気性や速乾性に優れたポリエステルを使用しているものが適しています。
寒い時期のウェアでは保温性が優れているものもありますが、通気性に劣る場合もあるので気をつけましょう。UVカット機能や防臭効果といった機能をプラスしたもの、デザイン性が目を
ポ
に応じて
軽装備が基本になりますが、ウェアのポケットに軽量ジャケットや栄養補給ジェルを入れるランナーもいます。着替えを用意し、状況に応じてエイドスペースで着替えるのも良いでしょう。
ウェアと装備で走る。
38

完走のツボ
ウルトラマラソンに出場する上での心構えや考え方、注意点をアドバイス。しっかりチェックしてレースに挑戦しよう！

POINT

「コツ」の理解度をアップするための大きなポイントを提示。読み進めることでコツが身につく流れとなっている。

着慣れたものを身につけましょう。

PART 2

POINT 1 上半身は発汗量が多いということを考慮する

上半身は体の中で特に汗をかきやすく、半袖やノースリーブを着るランナーが多いです。スタート時に肌寒ければアームウォーマーで調整できます。インナーとして体にフィットしたコンプレッション系のインナーシャツを着るのもお勧め。長時間の走りでは脇や胸などが擦れるので、その防止や筋肉をサポートして疲労軽減の役割も期待できます。

POINT 2 機能性タイツで脚をサポートしながら走る

脚にフィットし、筋肉や関節をサポートする機能のあるタイツは、パフォーマンスアップや、ケガの予防、レース中の疲労軽減、翌日の回復促進などにも役立ちます。

POINT 3 季節やコースの特徴に応じたアイテム選びをする

大会は一年を通して全国で開催されます。風が強い、寒暖差が大きい、雨が降りやすいなどコースの特徴や開催時期などを考慮して手袋やアームウォーマーを着用します。

+1《プラス》 アドバイス

機能性に優れたサイクルウェアを着用する

ロードバイク用のサイクルウェアは、ウルトラマラソン用にも適している部分があります。ポケットがいくつかついていたり、吸湿速乾性や伸縮性があることなどです。ジャンルの違うスポーツウェアでも適したものがあるので、固定観念にとらわれずウェア選びをしましょう。

39

プラスワンアドバイス

コツやテクニックに関するプラスアルファな知識、動作などを写真やイラスト、図表などでレクチャーする。

CONTENTS

ウルトラマラソンの魅力……2
この本の使い方……4

PART1 ウルトラマラソンの心構え
コツ01 ランナーとしての能力を把握してレースに挑戦する……10
コツ02 男女のハンデを考えず自分のペースで走り切る……12
コツ03 必要な情報を収集して本番への準備を整える……14
コツ04 自分の実力に合った目標タイムを設定する……16
コツ05 一か月に二回のペースでウルトラマラソンの練習をする……18
Column 速いランナーほどウルトラマラソンには失敗のリスクがある……20

PART2 ウルトラマラソンの準備
コツ06 目標タイムと同じ長さの時間を歩いてみる……22
コツ07 目的を理解して安全ルートでゆっくり歩く……24
コツ08 完走タイムの半分の時間を歩いて距離に慣れる……26
コツ09 本番の気候やコンディションを感じながら走る……28
コツ10 効率よくエイド休憩を取り入れて練習する……30
コツ11 ウルトラマラソンの準備を整えて練習に取り組む……32
コツ12 暑さ寒さ、風雨、発汗などからキャップで頭を保護する……34
コツ13 サングラスで視界を確保しレースに集中する……36
コツ14 気温の変化や体温の調整など機能性を重視して選ぶ……38
コツ15 自分に合うシューズで疲れない走りを実現する……40
コツ16 足を保護して理想の走りにつなげる……42

コツ17　備品を整えて万全の態勢でレースにのぞむ……44
コツ18　シューズをレース仕様にカスタマイズする……46
コツ19　ウルトラマラソン用の装備をトータルでチェック……48
Column　男性より女性の方がウルトラマラソンに向いている!?……50

PART3　効率の良い走りを身につける

コツ20　自分に合った理想のフォームを身につける……52
コツ21　走りの原理を理解して正しいフォームをつくる……54
コツ22　前後への脚振りを意識してストライドを伸ばす……56
コツ23　軸を意識して効率よく脚を動かす……58
コツ24　正しいフォームで走るための意識づくり・動作づくりを取り入れる……60
Column　小さな1秒が大きな1秒になりタイムに大きな影響を及ぼす……64

PART4　ウルトラマラソンのトレーニング計画

コツ25　1年以上前に出場レースを決める……66
コツ26　月ごとに練習内容を変えて取り組む……68
コツ27　週末に長距離を走る感覚を身につける……72
コツ28　目的に合った練習を週末前にこなしていく……74

PART5　レースの走り方を身につける

コツ29　スタート地点への移動手段を確保する……80
コツ30　不安要素をなくしてスタート地点に立つ……82
コツ31　スキルに応じた位置からスタートして走る……84

撮影協力／茅ヶ崎市・湘南国際マラソン

コツ32 レースを五分割して各セクションを走る……86
コツ33 エイドを上手に活用してロスなく効率よく走る……90
コツ34 適度な水分摂取でパフォーマンスを維持する……92
コツ35 こまかくゆっくり食べてエネルギー補給する……94
コツ36 消費するレストタイムを計算して走る……96
コツ37 完走できるかどうかの判断を明確にする……98
コツ38 完走タイムから割り出したラップタイムを刻む……100
コツ39 レースの状況に合わせて走りを変える……102
コツ40 メンタルを一定にしてモチベーションを維持する……104
コツ41 急に止まらず少し歩いてから休む……106
Column レース本番にピークを持っていくための工夫……108

PART6 ウルトラマラソンのコンディショニング

コツ42 心技体を整えてウルトラマラソンに挑戦……110
コツ43 トレーニング内容を管理してレベルアップする……112
コツ44 バランスの良い食事から五大栄養素を摂る……114
コツ45 こまめな水分補給でパフォーマンスを維持する……116
コツ46 ケガをしたら焦らず治すことに集中する……117
コツ47 たくさんのランニング仲間がモチベーションを引きあげてくれる……118
コツ48 休養日を設けてリフレッシュしてのぞむ……119
コツ49 準備運動で体を温めてからランニングをスタートする……120
コツ50 日常からのケアで自分の体に向き合う……125

PART 1

ウルトラマラソンの心構え

ULTRA MARATHON コツ01

走る能力

ランナーとしての能力を把握してレースに挑戦する

「走ること」に対してどれぐらいの実力があるのか理解する

「ウルトラマラソンに挑戦する」ことを決意したなら、まずは自分のランナーとしての能力を客観的に判断しましょう。ベースになるのがフルマラソンやハーフマラソンのタイムです。フルマラソンの完走タイムを見れば、ある程度の長距離ランナーとしての能力や実力を把握することができます。

しかし、ここで注意したいのがフルマラソン（42・195㎞）のタイムの約2・4倍がウルトラマラソン（100㎞）のタイムになるとは言えないところです。「走る」ことに対して能力値が高いことが、必ずしもウルトラマラソンの好タイムにつながらないところがレースの難しさといえるのです。

完走のツボ

長距離ランの実力によって レース参加計画の方向性が決まる

ランナーの実力によってウルトラマラソンの目標タイムが決まる。

100kmを走破するウルトラマラソンは、過酷なレース。まずは自分の能力を把握して、どのようなアプローチからウルトラマラソンの参加計画に取り組んで行けば良いのか考えてみましょう。

PART 1

POINT 1 フルマラソンの練習にウルトラマラソンを導入する

「サブ3」といわれるフルマラソンのタイムが3時間を切るランナーは、完走経験が複数回あり、走ることに関しては熟練していると言えるでしょう。ある程度、レースに向けての練習の仕方やコンディショニングにも長けているはずなので、ウルトラマラソンに向けての練習をフルマラソンの練習の合間に入れていくことがポイントです。

POINT 2 ウルトラマラソン仕様のフォームと練習計画に変える

「サブ4」といわれるフルマラソンのタイムが4時間を切るランナーは、日常的にも走ることに慣れた体ができています。フォームや練習計画をウルトラマラソン仕様にアレンジしつつ、距離に対する不安をなくして行きましょう。着実にスキルアップしていくことで、最終的にウルトラマラソンの完走や好タイムを目指します。

POINT 3 長い距離を歩いてランにつなぐ

「サブ4」以下のランナーは、走る能力について明確に判断できる要素がありません。まずは「長い距離を歩く」ことからスタートして、徐々にランにつなげていくことが大切です。

＋《プラス》1 アドバイス

トップランナーは1㎞を3分台で走り続ける

ウルトラマラソン（100㎞）の世界記録は6時間09分14秒。1㎞あたり3分42秒程度という驚異的なペース。フルマラソンのサブ4達成の目安が1㎞を5分40秒と言われていることを考えると、いかにハイペースで100㎞を走り切ったかがわかります。

ULTRA MARATHON コツ02

男女の違い

男女のハンデを考えず自分のペースで走り切る

男女のタイム差はウルトラマラソンの走りに影響しない

自分のランナーとしての能力や実力を把握したところで、男女の走りの違いについても考えてみましょう。

あるフルマラソンの国際大会では、男子が「2時間35分以内」、女子は「3時間10分以内」が出場できるタイムとされ、男女で35分ほどの差があることがわかります。ほかの大きな大会でも概ね30分ほどの男女差があり、フルマラソンに出るトップランナーに限定すると30分のタイム差が目安となります。

それではウルトラマラソンでは、どれくらいのタイム差が生じるのでしょうか。**体格や筋力の違いを考えると、男性優位でとらえがちですが、100kmを完走するには必ずしも男性のスピードが好タイムに結びつくとは限りません。**

完走のツボ

必ずしもスピードが優位ではない

ウルトラマラソンは男性のスピードが必ずしも優位に働くわけではない。

フルマラソンの男女の「30分差」は当てはまりません。実際のウルトラマラソンでは「スピードを維持できない男性」「マイペースで走り切る女性」という走りの違いがタイムに大きく影響しています。

POINT 1
スピードが速くても持続できなければタイムは出ない

トップアスリートの100mスプリントからフルマラソン42・195kmの各世界記録を男女で比較すると、「約1・1倍で女子のタイムが劣る」というデータがあります。しかし、完走率が低いウルトラマラソンでは、男性がレース中に大きく失速するシーンが見受けられます。必ずしも男性のスピードが優位ではないのです。

POINT 2
女性ランナーは無理せずマイペースで完走する

ウルトラマラソンのような「超長距離ラン」では、脂肪をエネルギーに活用する能力が重要になります。男性に比べると脂肪が多くついている女性は、その点では有利といえるでしょう。またスピードで男性には劣っているものの、着実にマイペースで走り切るタイプの女性ランナーが多いことも、好タイムと関連づけて考えても良いでしょう。

+1《プラス》 アドバイス
男女のタイム差は約1・1倍になる!!

各種目における世界記録の男女差

男女比	女性	男性	種目
1.09	10秒49	9秒58	100m走
1.11	21秒34	19秒19	200m走
1.10	47秒60	43秒03	400m走
1.12	1分53秒28	1分40秒91	800m走
1.11	3分50秒07	3分26秒	1500m走
1.11	29分17秒45	26分17秒53	1万m走
1.11	1時間4分51秒	58分18秒	ハーフマラソン
1.11	2時間15分25秒	2時間1分39秒	フルマラソン
1.06	6時間33分11秒	6時間9分14秒	ウルトラマラソン（100kmロード）

男女の記録差は概ね1.1倍だが、距離が100kmまで伸びると男女差は縮まってくる。
※2018年現在

ULTRA MARATHON
コツ03

情報収集

必要な情報を収集して本番への準備を整える

ウルトラマラソンへの出場を決めたら、正しい情報を収集する

綿密な準備をしてレースにのぞまなければ、ウルトラマラソンの完走は簡単にはできません。手はじめとしては、ウルトラマラソンに関する情報収集からスタートしたいところですが、経験者の話だけで間違った先入観を持ったり、100㎞という距離に対して不安に感じているだけでは前に進みません。

ウルトラマラソンの開催される時期や場所によって、走りやすいレースと走りにくいレースがあります。**季節や気温、湿度によって体力の消耗が変わり、コースによってはフラットか、アップダウンが多いかでも体の負荷が変わります。** まずは自分がどのレースに出場するか決めた上で、正しい情報収集と本番への準備を進めていかなければなりません。

完走のツボ

自分の実力にあったレースを選ぶ

国内のウルトラマラソンは、大小あわせて100以上のレースが、開催されています。行われる地域や時期によってレースの難易度が変わるので事前のチェックが重要です。

コースの構成や開催時期などによって、レースの難易度に違いがある。

POINT 1 レースに対する正しい情報を収集する

人からレースの過酷さやリタイア経験を聞くだけでは、不安をあおるばかりです。参加するレースの気候やコースをしっかり調べて、自分が実際に走ることを想定した準備がポイントになります。そこから綿密な練習計画を立て、日々のトレーニングを通じて地道に実行に移していくことで不安要素を取り除くことができます。

POINT 2 長い距離、長い時間でも違和感のないアイテムを身につける

ひとことで準備といっても、ウルトラマラソンの「準備」は多岐に渡ります。まずはレースに出て完走できる走力が大切ですが、出場するにあたってのシューズやウェアをはじめとする身のまわりのアイテムも整えなければなりません。長い時間、長い距離をずっと身につけて走るのですから、自分にとってベストのチョイスをすることを意識しましょう。

POINT 3 レース日から逆算した練習計画を立てる

出場するレースに対しての完走タイムを設定したら、その目標に向けてトレーニングを積んでいきます。その際、レース日から逆算した練習計画を立てることが大事。ウルトラマラソンでは実際に１００kmを走り切るような練習を取り入れることが少ないので、いかにピークをレース日に持っていくかがポイントになります。

＋《プラス》1 アドバイス

1年計画を組んでレースに出場する

参加レースは12か月前に決めて、1年計画で練習を積んでいくことが理想。暑い時期のレースでは、同じ時期の気候でのランを一度体験しておくことが大切です。暑気順化していない体のままでレースに出場することは、完走の可能性を下げることになるので注意が必要です。

ULTRA MARATHON コツ04

目標設定

自分の実力に合った目標タイムを設定する

設定タイムによって練習やレースの楽しみ方が変わる

レースに向けてトレーニングしていく上では、具体的なタイムを設定しましょう。フルマラソンなどの経験が少ないランナーは、制限時間内の完走を目指すことからはじめます。

経験豊富で走る能力が高いランナーは、無理のないタイムを目標に設定して、少しずつ「長い距離」「長い時間」のランに体を慣らしていくことが大切。無理な目標タイムを設定してしまうと、練習への取り組みが苦痛になってしまいます。

自分の実力に適したタイムを設定することで、日々の練習に対するモチベーションを維持でき、クオリティーも高くなります。目標タイムの設定次第では、ウルトラマラソンに向けての練習やレース自体の楽しみ方が変わるのです。

完走のツボ

走る距離に対して目標タイムを設定する

100km完走のレースは、ランナーのスキルに応じた目標を立てやすい。

ウルトラマラソンには、一定距離(100km)を走るレースと、一定時間(12時間以上)を走り順位を決めるレースがあります。前者の方が決まった距離に対しての目標タイムを設定しやすいでしょう。

POINT 1
制限時間内の完走を目標に設定する

経験の少ないランナーの場合、まずは制限時間内の完走を目標に設定し、実際にレースを体験してみることがおすすめ。リラックスしてレースにのぞみ、無理のないペースで走り切る。途中で突っ込んでしまったり、歩いてペースが乱れるなどのレース経験も含めて、次回に向けてより具体的な目標タイムを設定するための材料としましょう。

POINT 2
オーバーペースでは完走できない

無理なタイムを設定してしまうと、完走することすら難しくなります。能力以上のタイムを目指すことで、必然的にオーバーペースになってしまい、体は限界に達してしまいます。

POINT 3
フルマラソンの完走タイムから目標タイムを導く

あくまで目安に過ぎませんがフルマラソンのタイムに2・8～3・0倍を掛けると具体的な数字が見えてきます。100㎞ウルトラマラソンの「サブテン（10時間切り）」は、大きな目標設定のひとつ。これを実現するにはフルマラソン3時間40分程度のタイムが欲しいところですが、気象条件やコンディション、コースの難易度によってもとらえ方が変わります。

+1《プラス》 アドバイス
理想的な目標タイムがレース内容を充実させる

適正なタイムに目標を設定することが理想。スタート・序盤からオーバーペースにならないようセーブし、中盤以降の走りもマネージメントしつつ、終盤は目標タイムに対して粘り切るなど、ウルトラマラソンのレース自体をゴールまで楽しむことができます。

ULTRA MARATHON コツ05

練習スタート

一か月に二回のペースでウルトラマラソンの練習をする

通常の練習にウルトラマラソンの要素を入れる

出場するレースと目標タイムを設定したら、ウルトラマラソンの練習をスタートしましょう。基本的な取り組みとしては、フルマラソンに向けての練習と並行して行います。月二回の週末一日をウルトラマラソン練習日にあて、長距離を走るのです。

週末に長距離を走るのは、一週間の練習メニューをこなしていくなかで、レースが行われる「土日に長い距離を走る」というサイクルを体に馴染ませるためです。

そのためには月曜日のクールダウンからスタートし、火曜日以降に行うトレーニングの質が重要です。インターバル走やペース走、ビルドアップ走などで走力をアップしつつ、補強トレーニング等で正しいフォームを意識づけすることも大切です。

完走のツボ

100km完走はレース本番のみで行う

練習では最大で8割の距離、または時間内に抑えて走る。

1年スパンのトレーニング計画では、100kmを走破するような練習は行いません。レース2か月前ぐらいに最大でも8割程度の長距離ランで本番を迎えるのが基本となります。

POINT 1
スピード・距離のどちらかに絞って練習を積んでいく

月曜日はクールダウンを含めてやや軽めの調整。火曜日以降は徐々に練習のペースをあげていきます。このとき「スピード」「距離」どちらかに絞ったトレーニングを積んでいくことが大事。距離を伸ばすときは、スピードを落とし、スピードを上げるときは距離を短くするなど、レースまでの期間やコンディションにあわせて練習量を調整していきます。

POINT 2
週末に長距離を走る感覚を身につける

ウルトラマラソン専用の練習は、月二回に限定します。週末に長い距離を走るサイクルを1年スパンでつくっていくことで、レース本番でいつも通りの走りが期待できます。

POINT 3
ストレスのないよう走るスピードをあげる

ウルトラマラソン専用の練習は、長い距離、長い時間のランに体を慣らしていくことが第一です。最初は歩くことからスタートして、徐々に走る要素を入れて、ストレスを抑えることが大事です。

+1《プラス》 アドバイス
自分の体をケアして練習のクオリティーを維持する

練習のクオリティーを維持するには、コンディショニングがポイント。練習前後のストレッチはもちろん、食事や補食、休養など、走ることで体にかかった負荷をコンディショニングで取り除いていきます。そのためには常に自分の体に向き合うことも重要です。

Column

速いランナーほど ウルトラマラソンには失敗のリスクがある

フルマラソンで2時間台、あるいは3時間台の経験があるランナーが走れば、初めてのウルトラマラソンでもスムーズに走りきれるはず。一方、フルマラソン4時間以上のランナーや初心者は、長い準備期間を設け、劇的な走力アップを実現しなければ完走は難しいと思うかもしれない。しかし、実は速いランナーほどウルトラマラソンでは失敗するリスクがあることを理解しなければならない。

サブ4以上のランナーだからといっても、ウルトラマラソンでは必ずしも好結果が出ない傾向があるといわれている。確かにスタート後2時間半ぐらいまではスムーズだが、フルマラソンのスピード感覚が抜けきらず、それ以降でグッとペースが落ちたり、スタミナ切れでリタイアしてしまうことがあるのだ。

逆にサブ4以下のランナーは、タイムを求めず、完走を目標に走っているので、レースでは無理をすることはなく、マイペースで走り続けることができる。走り切ってみると10~11時間ぐらいに落ち着く。コツをつかんでしまえば、8~9時間のタイムも可能になってくる。

フルマラソンで速いランナーが、必ずしも好タイムで走ることができないのがウルトラマラソンの難しさであり、面白さなのかもしれない。

PART 2

ウルトラマラソンの準備

ULTRA MARATHON コツ06

シミュレーション

目標タイムと同じ長さの時間を歩いてみる

ワンウェイにすることで高いモチベーションを維持する

ウルトラマラソン専門の練習としては、まず目標タイムと同じ長さの時間を歩いてみることです。できるだけレース日に近い気候、装備でチャレンジしてみましょう。そこで、おすすめなのが「ワンウェイウォーキング」です。

通常のラン練習では、スタートとゴールを同地点にする方法をとっているランナーが大多数だと思います。**ワンウェイウォーキングでは、目的地のゴールを決めてそこまで歩き、帰りは公共交通機関を使って帰る方法です。**

たどり着く「ゴール」という目標に対して高いモチベーションを維持でき、ウォーキング中もワンウェイにすることで景色やコースの変化を楽しむことができます。

完走のツボ

ゴールを設定して交通機関を使って帰る

スマートフォンを駆使することで、走行距離の管理などができる。

スマートフォンのアプリによっては、GPS機能で、移動距離の計測が可能。コースの設定や走行距離、時間の把握もできるのでウォーキングやランの内容、結果を記録することができます。

PART 2

POINT 1

レースに近いウエア・装備でワンウェイウォーキングに挑戦

ウォーキングという点は意識せず、アイテムはあまり持たずに、レースに近いウエアや装備で歩いた方が良いでしょう。長時間歩いていくなかで、必要になるアイテムを把握し、次以降の練習やレース本番に生かしていくことです。着替えや必要最低限のアイテムは、軽めのリュック等で持ち運ぶようにしましょう。

POINT 2

地図を広げて目的地を設定する

目標タイム分の歩くコースや目的地は必ず事前に設定しましょう。行き当たりばったりになってしまうと、ケガや体調不良がおきたとき、立ち往生してしまいます。歩くことを楽しむ上でも、地図を広げてスタートからゴールまでの距離を測り、どのようなコースを進めばより楽しく歩けるか、イメージしてみることで練習への意欲を高めます。

POINT 3

できるだけ明るい時間帯に歩く

長時間歩く場合、スタート時間とゴール時間の読みも大切です。暗くなった時間帯でのウォーキングは、交通事情も含めてあまりおすすめできません。例えば休息も含めて12時間歩く場合は、午前5時スタートで午後5時のゴールを目指すなど、できるだけ明るい時間帯に歩くことを意識した方が良いでしょう。

＋《プラス》1 アドバイス

スマートフォンを上手に使って練習を管理する

東京都心(新宿)から12時間歩くことを想定すると、距離にして60～70㎞ぐらいが目安になります。甲州街道を進めば神奈川や山梨付近が目的地です。帰りは最寄り駅からバスや電車で帰ることができます。

ULTRA MARATHON コツ07

ワンウェイウォーキング①

目的を理解して安全ルートでゆっくり歩く

シンプルで平坦なコースからはじめる

ワンウェイウォーキングの目的は、あくまで長い距離を歩くことに慣れるという点です。タイムを意識したり、体に負荷を掛けて追い込む必要はありません。歩きながらコースまわりの景色を楽しみ、適度な休憩をとりつつ進んで行きましょう。

コース自体は複雑にならず、アップダウンの少ない平坦な道のりからはじめてみると良いでしょう。コース選びの段階でも注意が必要ですが、安全な歩道が確保されていなかったり、歩行者信号が多いコースは、どうしても待ち時間や事故回避などの「タイムロス」が増えてしまい、なかなかスムーズに歩けません。

その分も考慮に入れて時間設定することが、レース本番でのリアリティあるタイム設定に生きてきます。

完走のツボ

車で目的地に移動してスタートする

ときには足を伸ばして、地方の景勝地などを走ることも気分転換になる。

観光地や景勝地にあるようなウォーキングコースも、歩行者の安全が確保されていればおすすめポイント。目的地まで車で移動し、駐車場に停めてからウォーキングをスタート。コースを周回してから駐車場に戻ってゴールとします。

POINT 1 行き帰りのどちらかでウォーキングする

ワンウェイウォーキングの場合、公共交通機関で目的地に行ってから歩いて戻る方法も有効。この場合、スタート時間に留意する必要がありますが、ゴールが近くなるにつれ見慣れた景色（地域）になるので、安心して歩くことができます。目的地から交通機関で戻る場合は、ゴール時間前後の時刻表など把握しておくことも大切です。

POINT 2 ランドマークを目印にウォーキングを楽しむ

大きな街道や国道を歩く場合、歴史的な建物やスポットが点在しています。これらをランドマークにして休息したり、ゴール地点として定めることも、長時間のウォーキングではメンタル的に有効です。「○○から○○まで歩いた」という自信は、ウルトラマラソンに挑戦するうえで大きなモチベーションのひとつになります。

POINT 3 歩いてみた結果を次のコース選定に生かす

最初のワンウェイウォーキングは、歩きやすさを重視してチャレンジしましょう。交通量が多すぎたり、歩道がないようなコースは危険。同じ道を何度も周回するコースも苦痛に感じてしまいます。一度歩いた経験を生かして、二度目以降のワンウェイウォーキングやランにつなげていくことで、徐々にレベルアップしていきます。

+1《プラス》 アドバイス

カードを利用して装備を軽くする

ウォーキングする上で、とても便利なのは決済機能がついた電子磁気カード類です。このようなカードを持っていればコンビニなどでの補給アイテムの購入や、交通機関の運賃支払いにも利用できるので、小銭や財布の重さの負担を減らすことができます。

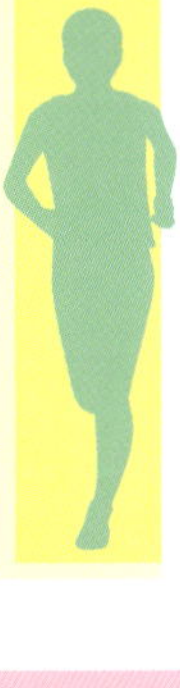

ULTRA MARATHON コツ08

ワンウェイウォーキング②

完走タイムの半分の時間を歩いて距離に慣れる

完走目標のランナーは5時間50分を歩いてみる

制限時間が13時間のレースに参加するとき、完走を目標とするランナーは、１㎞を7分目安のペースで走らなければなりません。ある程度のスキルがあるランナーの場合、決して難しいチャレンジではありませんが、経験の全くないランナーにとっては、高いハードルに思えてしまうかもしれません。

練習スタート段階では、まず自分のペースでゆっくり歩いてみて、どれくらいのペースで、どのようなタイムが出るのか計ってみましょう。無理のないペースで目標タイムの完走時間の半分を歩き切ることからスタートし、徐々に時間を長くしていくのです。制限13時間内の完走が目標なら、最初はエイド休憩分も引いた5時間50分が歩く時間になります。

完走のツボ

目標タイムにあわせて歩く時間の長さを変える

最初のワンウェイウォーキングは、目標タイムごとに歩く時間が変わってきます。別表を参照しつつ、自分の目標タイムにあわせて段階的に時間の長さや歩く(走る)スピードを調整していきましょう。

時間内の完走を目指すランナーなら、まず5時間50分を歩いてみる。

POINT 1 スピードを上下させて心地良いペースを探す

長時間歩いてみることで、距離に対する不安は少しずつ解消されます。次の練習からは、軽いランを入れて、体にストレスがかからない程度にスピードアップします。余裕があれば休憩をはさんでさらにスピードをあげてみましょう。きつくなったら歩いても構いません。試していくなかで自分の心地良いペースを探します。

POINT 2 レース開始時間にあわせて練習をスタート

翌月以降は、歩く時間を長くしていきます。最大で完走時間の8割まで伸ばし、ウォーキングだけでなく、ランも取り入れていくことがポイント。三か月後には一旦、完走時間の5割まで落としますが、道程をすべてランで行うことで強度をアップします。月二回のうち一度は、レース開始時刻にあわせて練習をスタートしましょう。

+1《プラス》 アドバイス

徐々に距離とスピードをあげて練習する

スキル別6ヶ月のウォーキングメニュー

大会までの期間	100km 目標タイム 7時間内 (平均タイム4分/km)	100km 目標タイム 9時間 (平均タイム5分/km)	100km 目標タイム 13時間 (平均タイム7分/km)
11ヶ月前	3時間20分	4時間10分	**5時間50分**
10ヶ月前	4時間	5時間	7時間
9ヶ月前	5時間20分	6時間40分	9時間20分
8ヶ月前	3時間20分	4時間10分	5時間50分
7ヶ月前	4時間	5時間	7時間
6ヶ月前	5時間20分	6時間40分	9時間20分

11～9か月前はウォーキングか軽いランでOK。8か月前からはランに切り替える。

ULTRA MARATHON コツ09

ワンウェイウォーキング③

本番の気候やコンディションを感じながら走る

身につけるアイテムに不具合がないかチェックする

当日になってみないと、はっきりした気候やレースのコンディションはわかりません。温度や湿度、強い日射や風雨などコンディションによって、ランナーにかかる負荷が変わり、走りにも影響します。「ワンウェイ」の練習を通じて、**さまざまな条件下のランを体験し、自分の走りにどの程度の影響があるのか把握しておくことが大切です。**

例えば雨で濡れたことにより、ウェアやシューズを必要以上に重く感じたり、ソックスが蒸れて指がふやけてしまうなど、乾いている状態と違ってフィットしないケースも出てくるのです。コンディションの変化に伴い、身につけるアイテムを見直すことが必要になります。

完走のツボ

雨の日のランを体験してスキルアップする

当日の気象条件は、ランナーの走りに大きく影響します。特に雨の日のランは、肉体的にも精神的にも大きな負担がかかります。練習で悪条件なランを体験しておくことで、事前の準備が変わってきます。

あらゆる条件下で対応できるメンタルや準備が大切。

PART 2

POINT 1 雨に濡れたときのアイテムをチェック

雨に濡れることで身につけているものは、水を含んで重くなってしまいます。実際に水を含んだ状態のウェアやシューズの着心地、履き心地を知っておくことがポイント。悪い点は改善するか、アイテムを変更するなど対策を講じます。顔も雨粒で濡れるので、キャップやサングラスなどでできるだけ防ぐ方がストレスなく走ることができます。

POINT 2 気温や湿度をチェックして走りへの影響を知る

気温や湿度など気候条件も大きくランナーに影響します。気温や湿度が高ければ大量の汗が出て、確実にランナーの体力を奪うことになります。多湿な時期は、気温以上に気を配らなければなりません。練習日の気温と湿度をチェックし、体にどの程度の影響があったのか、ノート等に記録して把握しておきましょう。

POINT 3 練習後にソックスを脱いでチェックする

練習後にソックスを脱いで足やソックスの状態をチェックすることで、シューズとの接点や足・指の当たり具合などが把握できます。蒸れたり、擦れたりする箇所がないかも確認しましょう。

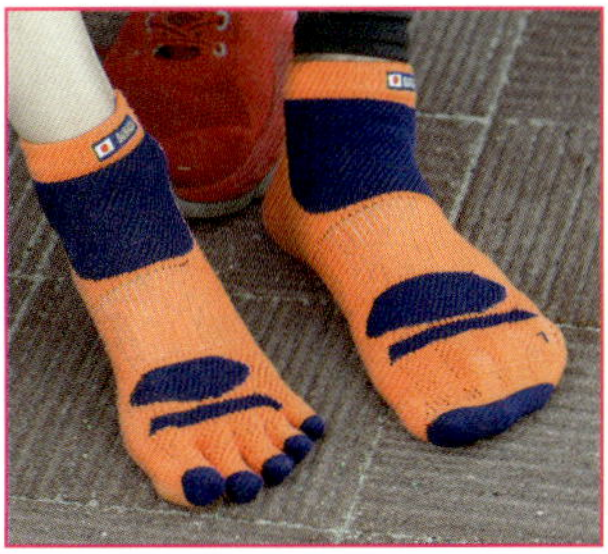

+《プラス》1 アドバイス

悪天候のワンウェイは着替えを用意する

コンディションの悪い日はレインコートを着用し、タオルや着替えなどをリュックにつめて走ると良いでしょう。

ULTRA MARATHON コツ10

ワンウェイウォーキング④

効率よくエイド休憩を取り入れて練習する

適度な距離で効率よくエイド休憩を入れる

ワンウェイウォーキングではレースと同様に、ある程度の休憩も必要になってきます。適度な休憩を入れて歩きましょう。レースで7時間以内の完走を目指すなら10分休憩、10時間以内なら50分、13時間以内なら1時間20分がトータルの休憩の目安となります。**練習では走る時間に応じて、休憩時間を算定し、適度な距離ごとに休憩を入れていきます。**

実際のレースプログラムを見れば、何km地点には「水」「スポーツドリンク」「バナナ」「飴」「トイレの有無」などの表示があり、摂取するタイミングを予定したり、自分で足りないと感じる栄養分は事前にポーチやリュックに入れて走ることもできます。エイドの上手な使い方がレースのカギを握るでしょう。

完走のツボ

約5km以内の間隔でエイドが配置されている

エイドステーションの内容を事前に把握し、どこで何を摂るのか考える。

サロマ湖100kmマラソンでは、スタートから5km地点で水やスポーツドリンクが補給でき、以降は5km程度の間隔にエイドが配置されています。40kmを越えるとパンやおにぎりなども摂ることができます。

PART 2

POINT 1
自分の体が欲するものを理解して走る

練習で走っているときに、自分が「何を摂りたいのか、何を食べたいのか」を感じることが大事。お腹が空くタイミングがいつ頃なのかで、持参するジェルなどの補給食の量や炭水化物の摂取タイミングが違います。疲れを軽減するためのクエン酸の摂取にしても、レモンが好きなのか、梅干しが好きなのかで、選択すべきものが変わることを理解しましょう。

POINT 2
空腹を感じる前に補食でエネルギーをチャージ

競技時間が長いウルトラマラソンでは、レース途中の補給がポイントです。空腹を感じる前に、できるだけ内臓に負担をかけない補食を摂りましょう。エイドに置いてあるおにぎりやパンでは食べづらい、摂りたいタイミングが合わないというランナーは、事前に自分で用意したものをリュックやポーチなどに入れて、タイミングをみて摂取します。

+《プラス》1 アドバイス
レースによってエイドステーションのパターンに違いがある

各エイドステーションの補給食内容（例）

45km	40km	35km	30km	25km	20km	15km	10km	5km
かぶり水 スポーツドリンク レモン 飴 バナナ 梅干し パン等	かぶり水 スポーツドリンク レモン 飴 バナナ 梅干し パン等	かぶり水 スポーツドリンク レモン 飴 バナナ 梅干し オレンジ等	かぶり水 スポーツドリンク レモン 飴 バナナ 梅干し チョコ等	かぶり水 スポーツドリンク レモン バナナ等	かぶり水 スポーツドリンク レモン バナナ等	かぶり水 スポーツドリンク	かぶり水 スポーツドリンク	かぶり水 スポーツドリンク

90km	85km	80km	75km	70km	65km	60km	55km	52km
かぶり水 スポーツドリンク レモン 飴 バナナ 梅干し おにぎり等	かぶり水 スポーツドリンク レモン 飴 バナナ 梅干し パン等	かぶり水 スポーツドリンク レモン 飴 バナナ 梅干し チョコ等	かぶり水 スポーツドリンク レモン バナナ等	かぶり水 スポーツドリンク レモン バナナ等	かぶり水 スポーツドリンク レモン バナナ等	かぶり水 スポーツドリンク レモン 飴 バナナ 梅干し オレンジ等	かぶり水 スポーツドリンク レモン 飴 バナナ 梅干し おにぎり等	かぶり水 スポーツドリンク レモン バナナ等

事前にレースプログラムをみれば、エイドステーションで何が補給できるのかチェックできる。

ULTRA MARATHON
コツ11

準備

ウルトラマラソンの準備を整えて練習に取り組む

必要なアイテムをチェックして身につけて走る

ウルトラマラソンに参加するには、大会へのエントリーはもちろん、完走するための走力、そして100㎞の長い道のりで必要なアイテムを準備しなければなりません。

特に身につけるアイテムは、1年計画の練習のなかで自分に必要なもの、そうでないものを把握したうえで、機能性に優れた使い勝手の良いものを選び抜いてレースにチャレンジすることが大事。**自分に合わないものを選び抜いて走るのは、ストレスになり、気持ちよく走ることができません。**

キャップやサングラス、ランニングウェア、ソックス、シューズなど必要不可欠なものから、テーピングやワセリン、補食、ジェルなどの走っていく上で自分に必要なものを判断します。

完走のツボ

レースに向けてアイテムを準備する

ウォッチはランナーの必需品。機能や軽さを考えてチョイスする。

身につけるアイテムを上手に使いこなすことができれば、ランニング中のストレスや体力の消耗を抑えてくれます。ランニングに必要なアイテムをチェックして、レースに向けて準備しましょう。

POINT 1 使い慣れたアイテムを身につける

レースで身につけるアイテムはウェアやキャップ、シューズ、サングラス等は、実際に練習などで使用したものがベストです。使い心地の良い機能性に優れたものを身につけましょう。

POINT 2 リュックやポーチは最小限のサイズで

レースではできるだけ軽い装備で走ることがポイント。余分なものは持たず、リュックやポーチもラン用の小さなものにすることでランニングフォームが安定し、ストレスなく走ることができます。

リュックは小さめの走りに支障のないタイプがベター。

POINT 3 綿密な準備でメンタルを整える

練習を通じて必要になるアイテムを準備し、使い慣れたものを使用することでランニングに集中することができます。綿密な「準備」はメンタルを落ち着かせる効果もあるのです。

+《プラス》1 アドバイス

エイドを上手に使って持ち物を少なくする

エイドは3～5km間隔内で設置されているレースが主流です。上手に使えば水分補給はもちろん、長距離ランで失われたカロリー分の栄養補給ができます。足りない分はジェルなどを持参して摂取するなど、レース全体をしっかりマネージメントする必要があります。

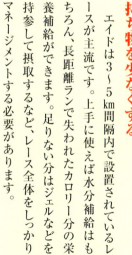

ULTRA MARATHON コツ12

ランニングキャップ

暑さ寒さ、風雨、発汗などからキャップで頭を保護する

ゴールまでのコンディションキープに欠かせないキャップ

長い距離を走るためには、ランニング用キャップが欠かせません。何時間もの間、紫外線や暑さ、寒さ、風雨など様々な条件にさらされるレースでは、キャップは頭部や顔を保護する重要な役割を担っているのです。直射日光は体力を消耗し、熱中症を引き起こす要因にもなります。**キャップをかぶることで日差しから頭部を守り、コンディション低下を防ぎます。**また、風雨があるときは、キャップのツバで雨粒や風を遮ることができます。

ランニング専用のキャップは、一般的なものに比べて軽量で通気性の良い素材を使用するなど、機能性が優れた仕様になっています。レース中に多くの汗をかいても熱がこもって蒸れることなく、快適に走ることができます。

完走のツボ

用途やかぶり心地からキャップをチョイスする

頭部ケアのアイテムはキャップだけでなく、サンバイザーやヘアバンドなどもあります。頭頂部がカバーされていないものは、頭から水をかけて上昇した体温を逃がすことができます。用途や好みから選びましょう。

ランニングキャップは機能性を考えてチョイスする。

POINT 1
機能性に優れた素材のキャップは走りを快適にする

ランニング用のキャップは、通気性が良く速乾性や吸収性に優れた素材を使用しています。大量にかいた汗や頭部にこもった熱をすぐに処理できる機能性があるので、快適に走ることができます。気温が高くなる夏場はメッシュ素材、寒い冬場は保温性のある素材など、気候や環境に合わせたキャップを用意しておくと良いでしょう。

POINT 2
自分のサイズにジャストフィットしたものを試着する

キャップを購入するときは実際にかぶり、自分の頭にフィットするものを選びます。ランニングキャップは、サングラスをかけることを想定し、キャップのフチとサングラスの柄があたらないよう、浅めにつくられているものが多いです。通常のキャップより浅く感じるかもしれないので、かぶり心地の良さをしっかり試しておきましょう。

POINT 3
機能性でサンバイザーやヘアバンドを着用する

サンバイザーは頭部に水を掛けることができ、ヘアバンドは頭からの汗を完全にストップさせるなど、キャップにはない優れた機能があります。

+《プラス》1 アドバイス
首筋を濡れたタオルで冷やす

水で湿らせたタオルをサンバイザーに織り込むことで、走りながら首筋を冷やすことができます。暑い時期には熱中症を予防する効果もあります。

サンバイザーにタオルを織り込むことで首筋を冷やす。

ULTRA MARATHON コツ13

サングラス

サングラスで視界を確保しレースに集中する

紫外線や風雨、ホコリなどから大切な目を守る

最近ではトップランナーだけではなく、市民ランナーの間でもサングラスの使用率が高くなり、スポーツサングラス専門のショップもあります。ニーズが高い背景には、**紫外線を目に受けると体にもダメージがあることが広く知られるようになったからだと考えられます。**

目は短時間であれば、紫外線から防御する機能を持っています。しかし、ウルトラマラソンのように長い時間紫外線にさらされると、そのバリア機能が低下し、疲労物質を生みだしてしまうのです。紫外線により、体力が消耗され、思うような走りができなくなるのです。また、紫外線は眼精疲労やドライアイなど、眼そのもののダメージを引き起こす要因にもなります。

完走のツボ

長い時間のレースで重要なアイテム

朝夕の暗い時間帯でもよく見える、薄色のレンズがおすすめ。

長い時間のレースでは、紫外線や風、ホコリ、雨、乾燥など様々な問題にさらされます。ランニング中の安全な視界の確保には、サングラスを着用することがお勧めです。

POINT 1

レンズの色の濃さではなく紫外線透過率で選ぶ

レンズの色が濃い方が、紫外線を遮断しやすいイメージがあるかもしれません。しかし、選ぶときはレンズの色の濃さではなく、紫外線をいかに通さないかを示す透過率で判断します。最近ではレンズの色が透明に近いものでも紫外線透過率が高いものもあります。ランナーにとって紫外線透過率の目安は、30％以下といわれています。

POINT 2

天候に変化がある長いレースは調光レンズが適している

晴天で太陽の光が強いときは、レンズの色が濃い方が眩しさを避けることができます。しかし、薄暗い早朝のスタートや曇りなどあまり日差しが強くない日は、濃い色のレンズでは周囲がよく見えなくなってしまいます。長時間のレースで天候が変わる場合は、紫外線を受ける量によりレンズの濃さが変わる調光レンズが適しています。

POINT 3

紫外線はいつでも降り注いでいる

紫外線は一年を通して外気中に放出されています。特に多いのは7月と8月で、少ないのは1月と12月です。一日のなかでは正午前後が一番紫外線の量が多くなります。外気中で直接受けるだけでなく、地面から反射することもあり、曇りや雨でも紫外線はあるので外で走るときは眼を守るサングラスがお勧めです。

+1《プラス》 アドバイス

サングラスをかけてメンタルを落ち着かせる

初級者など大会に慣れていないランナーは、周囲の選手の走りや沿道の応援がプレッシャーに感じることもあります。サングラスをかけて視界を覆うと、気持ちの負担を和らげることができ、自分のレースに集中することができます。

ULTRA MARATHON コツ14

ランニングウェア

気温の変化や体温の調整など機能性を重視して選ぶ

通気性や速乾性があるランニングに適した素材を選ぶ

ランニングウェアはレース中の気温変化の対応や、体温調整のことなども考えて選びたいものです。長時間身につけているので重視したいのが素材。**トップスとボトムス、ともに通気性や速乾性に優れたポリエステルを使用しているものが適しています。**

寒い時期のウェアでは保温性が優れているものもありますが、通気性に劣る場合もあるので気をつけましょう。UVカット機能や防臭効果といった機能をプラスしたもの、デザイン性が目を引くものなど様々。トップスはノースリーブや半袖、長袖、ボトムスはショートやロングパンツ、タイツ・レギンスなど好みによってバリエーションも広がっています。自分の体型や好みに合う着慣れたものを身につけましょう。

完走のツボ

季節や気温に応じて装備を変える

季節に応じたランニングウェアと装備で走る。

軽装備が基本になりますが、ウェアのポケットに軽量ジャケットや栄養補給ジェルを入れるランナーもいます。着替えを用意し、状況に応じてエイドスペースで着替えるのも良いでしょう。

POINT 1

上半身は発汗量が多いということを考慮する

上半身は体の中で特に汗をかきやすく、半袖やノースリーブを着るランナーが多いです。スタート時に肌寒ければアームウォーマーで調整できます。インナーとして体にフィットしたコンプレッション系のインナーシャツを着るのもお勧め。長時間の走りでは脇や胸などが擦れるので、その防止や筋肉をサポートして疲労軽減の役割も期待できます。

POINT 2

機能性タイツで脚をサポートしながら走る

脚にフィットし、筋肉や関節をサポートする機能のあるタイツは、パフォーマンスアップや、ケガの予防、レース中の疲労軽減、翌日の回復促進などにも役立ちます。

POINT 3

季節やコースの特徴に応じたアイテム選びをする

大会は一年を通して全国で開催されます。風が強い、寒暖差が大きい、雨が降りやすいなどコースの特徴や開催時期などを考慮して手袋やアームウォーマーを着用します。

+1《プラス》 アドバイス

機能性に優れたサイクルウェアを着用する

ロードバイク用のサイクルウェアは、ウルトラマラソン用にも適している部分があります。ポケットがいくつかついていたり、吸湿速乾性や伸縮性があることなどです。ジャンルの違うスポーツウェアでも適したものがあるので、固定観念にとらわれずウェア選びをしましょう。

ULTRA MARATHON コツ15

シューズ

自分に合うシューズで疲れない走りを実現する

走るための武器となるシューズは自分に適したものを選ぶ

走りで足にかかる負荷は、体重の3倍程度といわれています。その衝撃を緩和するためにも、脚の筋肉が仕上がっていない初心者は、ソールが厚くクッション性・弾力性のあるものが適しています。上級者の速いランナーは、軽くてソールの薄いシューズを履く傾向があります。**シューズを選ぶときは、足の長さより0・5㎝程度大きいサイズを選ぶのがおすすめ。長時間のレースでは後半になるとむくみなどで足が膨らむため、ジャストサイズでは指の先があたって走りにくくなるからです。**足が汗で蒸れたり、天候が変わり雨で濡れることもあるので、通気性の良い素材を使っていることもポイント。シューズは走るための武器です。ストレス無く走れるものにしましょう。

完走のツボ

走りに合わせてシューズを選ぶ

シューズが合っているかどうかで走りに大きな影響を及ぼす。

ローリング走法のランナーは、ソールがフルフラットのシューズが良いでしょう。蹴りを重視したスピード型のランナーであれば、アーチがくぼんでしっかり体重が乗せられるシューズがお勧めです。

POINT 1

シューズを選ぶ前に土踏まずなど足の状態をチェック

ショップなどで実際に足を測定し、足幅の広さや足指の長さの違い、土踏まず（アーチ）の形状などをチェックし自分の足型に合ったシューズを選ぶと、長時間走っても疲れにくいです。土踏まずの隙間が大きいハイアーチは、体を支える面積が少ないため、疲れてアーチが落ちると足底筋膜炎をおこしやすくなります。足裏の隙間があまりないローアーチは偏平足とも言われ、走ると疲れやすく姿勢も維持しにくいため、脚のケガを招きやすくなります。

アーチの形状は走りに関わる大事な部分。

＋《プラス》1 アドバイス

各メーカーのシューズを比べ履き心地を体感してみる

アシックスは比較的幅広で日本人の足に適したサイズになり、ローリング走法の場合はスカイセンサー、スピード重視ランナーにはターサーなどのラインナップがあります。ソール内にカーボンファイバープレートを使用し、反発で推進力を生み出すナイキのズームフライ・フライニットはより効率よく走れる機能性があります。初心者の場合は、やはりエントリーモデルがおすすめです。

ULTRA MARATHON コツ16

ソックス

足を保護して理想の走りにつなげる

自分の好みに合ったソックスを選ぶ

ソックスは通常のタイプと5本指に分かれているものがあります。履き心地の好みなどもありますが、5本指のタイプはその特性として力の入った強い蹴りができるという側面があります。外反母趾の人などにもサポート力があり適しています。蹴りの良さを実感できる分、長時間の走りでは疲れが生じる場合もあります。生地は綿やナイロン、紙糸、メリノウールなど4種類程度あります。**シューズ内での足の解放感や滑る感覚の好みにより滑り止め機能の有無を選択し、自分で履いて試してみましょう。**ソックスの長さは、足首を固定した感じが好きであればレギュラーやロング、足首の自由な感覚が良ければショートタイプが良いでしょう。

完走のツボ

外反母趾やローアーチをソックスで調整する

タイプの違うソックスを履いて、長距離ランをサポートする。

ランニングソックスには外反母趾対策となる五本指タイプをはじめ、足裏をあげるローアーチ対策のソックスもあります。様々なサポートの種類があるのでいくつか試して足の具合に合うものを見つけましょう。

POINT 1
様々な観点から自分に適したソックスをチェックする

長時間走るので、耐久性が高いこともポイント。練習で履き続けて破れたら、なぜその部分なのか、シューズのどの部分にあたっているか、または蹴り出しが要因なのかなどを分析し、補強されているソックスを選びましょう。その他、消臭効果があるもの、5本指タイプ、足袋タイプなど自分の好みに合うものをチェックします。

POINT 2
5本指のソックスでパフォーマンスをあげる

5本指のソックスは指の自由度が高くなり、その分足を踏ん張る力や蹴り出しのパワーが高くなります。ランナーによっては足を動かすのがスムーズに感じたり、体のバランスがキープしやすくなるなどパフォーマンス度がアップします。指と指の間が仕切られているので、マメができにくく、汗を吸収しやすいため蒸れず臭いが残りにくいというメリットもあります。

POINT 3
季節や天候を考えてソックスを履く

ソックスは薄手や厚手のタイプがあります。メッシュ素材など薄手のものは、通気性が良く軽量で素足の感覚に近い構造になっていて、トレーニングやレースに適しています。厚手のものは、クッション性があり走りで生じる衝撃を和らげてくれます。生地が厚い分保温性があるので、冬場などに履くのに向いています。

＋1《プラス》 アドバイス
ソックスのサポート機能で足の負担を軽減する

ソックスには足を保護するサポート機能があるものもあります。アーチ部分を囲むように弾力性のある素材を使ったものは、適度な圧力でアーチ周りを保護します。かかとやつま先にナイロンの糸を使い素材を強化したものは、足からのズレや走りで生じる摩擦を防ぎます。

ULTRA MARATHON コツ17

ランニングアイテム

備品を整えて万全の態勢でレースにのぞむ

長時間のランで必要になるアイテムを考える

長時間走るためには、様々なアイテムが必要になります。何時間も屋外にいるので、日焼け止めは必須です。夏だけでなく一年を通して紫外線は降り注いでいるので、オールシーズン使うことになる日焼け止めは皮膚呼吸がしやすく体に負担のかかりにくい成分を使っているものを選びましょう。

走っていると脇や股がこすれて、その摩擦で炎症をおこします。練習でこすれる部分をチェックしておき、レース前にワセリンを塗ります。レース途中で塗りなおしたくなったときのために、携帯用のケースに入れて走るのもひとつです。

その他に体のケアのためのテーピングやアイシングスプレー、補食用のジェル、手袋やポーチ、時計などもあります。

完走のツボ

長距離ランの練習で必要なアイテムを知る

日焼け止めクリームは、発汗を抑制しないタイプを選ぶ。

日焼け止めはスタート前に施すことができますが、テーピングやワセリン、ジェルなどは走っている途中で必要になるアイテム。長距離ランの練習を通じて、自分が必要になるアイテムを把握しましょう。

POINT 1

肌が出ている部分は日焼け止めでカバーする

日焼け止めは、顔だけでなく首や腕、耳の後ろ、肩、脚などウエアから露出している部分にムラなく塗ります。しかし毛穴を塞ぎ、発汗が悪くなるような素材には注意。使いやすさを考えて購入しましょう。最近では日焼け止め用のサプリメントも発売され、塗りなおすことなく飲むだけで対策できるものもあります。

POINT 2

テーピングを使ってヒザや脚のケアをする

脚やヒザのケアのために、テーピングを使用するのもお勧めです。テーピングの使い方は整形外科や整骨院などで専門的な場所でアドバイスをもらうと適切に行えますが、ネットの動画で使い方を習得する方法もあります。ヒザの皿の下部分に貼るとヒザや連動する脚の安定感が増し、フクラハギに沿って貼ると脚の疲労を軽減する効果が期待できます。

POINT 3

ジェルで不足したエネルギーをこまめにチャージする

補食用のジェルは必要なエネルギーをすばやく補えるアイテムです。手軽に不足した栄養分を補給できるので、多くのランナーが携帯しています。

+1《プラス》 アドバイス

携帯するか、エイドステーションを活用する

ワセリンなどちょっとしたケア用品などは、自分で持っていると安心ですが、エイドステーションに救急用品を用意している場合もあるので事前に確認。より軽い装備にするか、安心材料として携帯するか決めましょう。

ULTRA MARATHON コツ18

シューズ

シューズをレース仕様にカスタマイズする

インソールやヒモを変えて履き心地をアップする

自分の足に合うシューズを選んだら、インソール（中敷き）やヒモ（シューレース）などを変えて、ウルトラマラソンという長い距離を走り切れるシューズに調整してみても良いでしょう。

レース後半では疲労が蓄積し足も膨張するので、アーチをアシストしシューズとのフィット感を高めるインソールに取り替えたり、ヒモは締めなおす必要のない伸縮性のあるものに替えるなど手を加えてみます。そうすることで、**足回りが安定して足とシューズの一体感が増し、疲労を抑えながら長い距離を走ることができます。**ヒモはほどけないことが前提ですが、強く締めすぎてしまうと甲を圧迫して炎症を起こす可能性もあり、緩すぎると足とのフィット感がなくなり故障の原因にもなります。

完走のツボ

細部にこだわり
シューズを仕上げる

ヒモの素材や結び方によっても履き心地が変わる。

シューズのヒモは素材や結び方の違いによっても、履き心地が変わります。インソールを調整するなど細部にこだわり、自分仕様のシューズに仕上げていきましょう。

POINT 1

インソールで調整をして自分仕様のシューズにする

インソールは走りの衝撃吸収や安定感をサポートし、体のバランスを良くするので骨盤やヒザなどの疲労やケガの予防につながります。アーチ部分は個人差があるので足裏全体に隙間なくフィットするものを選びましょう。

POINT 2

自分に合うヒモの結び方をマスターし足にフィットする仕上げにする

アンダーラップレーシングは、シューズホールの下から上にヒモを通します。着脱しやすい分緩みやすいので、左右均等の力でヒモを適宜引きながらホールに通します。オーバーラップレーシングという通し方もあります。結び方のイアン・ノットは、1回左右のヒモを通常の通りに締めた後、左右のヒモで輪をつくり交互に輪をくぐらせて左右に引きます。

+1《プラス》 アドバイス

ヒモがほどけにくいようにしっかり結び足との一体感を出す

足をカカトまできちんとシューズに入れ、足がしっかり固定されるように緩まずヒモをしめ、足とシューズの一体感を出します。ヒモはほどけないよう、長距離走者に多い穴の下から通すアンダーラップレーシングで通し、ほどけにくいイアン・ノットで結ぶと良いでしょう。

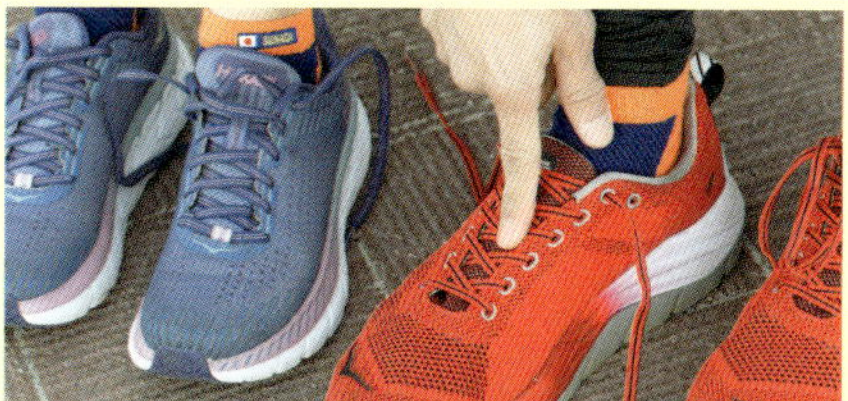

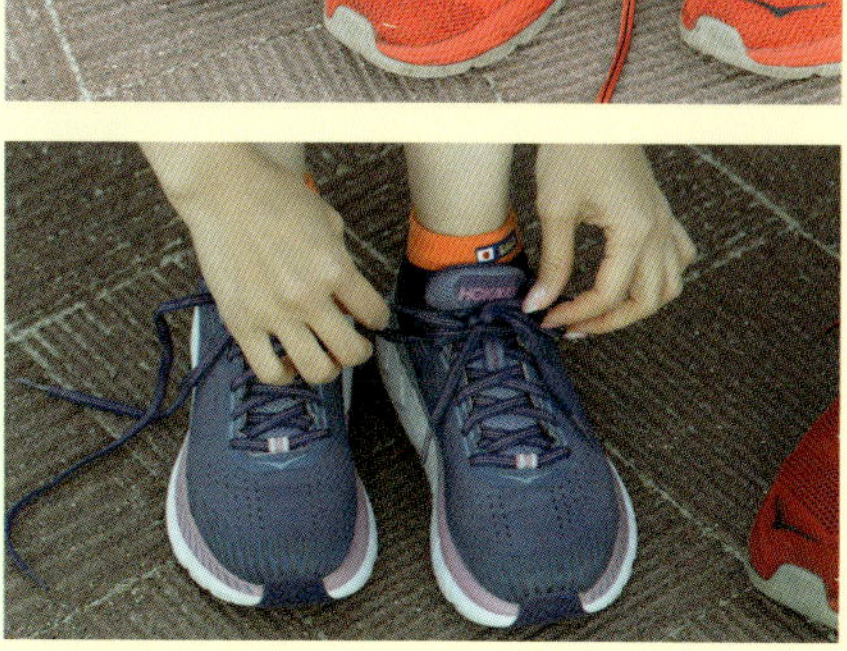

ULTRA MARATHON コツ19

ランニング装備

ウルトラマラソン用の装備をトータルでチェック

寒い時期の装備(男性)

ヘアバンド
ウェア
インナー
アームウォーマー
時計
パンツ
タイツ・
レギンス
ソックス
シューズ

完走のツボ

全身をチェックして足りないアイテムを準備する

アイテムや装備はフルマラソン用のものをベースに、ウルトラマラソン仕様に変えていくのが基本。身につけたときの使い心地や機能性を重視し、レースが行われる季節や当日の天候によってもアレンジが必要になります。

PART 2

暑い時期の装備(女性)

キャップ
サングラス
ウェア
時計
パンツ
ソックス
シューズ

＋《プラス》1 アドバイス

ウェアのポケットを上手に活用する

ウェアにはポケットがあることが理想です。ジェルやテーピングなど、走っているときに必要なアイテムを収納することができます。エイドステーションでピックアップした食べ物などを一時的に入れることもできます。重すぎたり、ポケットに詰め込み過ぎるとランニングフォームが崩れるので注意。

Column

男性より女性の方がウルトラマラソンに向いている!?

体のメカニズムをみても、女性は男性より体脂肪率が高めなので体内にエネルギーが多く蓄積され、長距離ランに向いているといわれている。体重に関しても軽い傾向があるので、重力の影響を男性より受けにくく着地衝撃が少ない。ただし、カルシウム不足の女性ランナーが、長距離ランのトレーニングをすれば疲労骨折するケースもあるので、食事などでしっかりバランスを整えていくことがポイントだ。

一方で男性ランナーの場合、筋肉量があっても熱中症になりやすかったり、そもそもランナーとして「スプリントタイプ」であることが多い。もちろん世界記録や日本記録のタイムは、男性の方が速いが、ウルトラマラソンに関しては、全般的に女性ランナーの方が適性はあるという側面もある。

スピードがある男性ほど持久力がなく、気持ちにも波がある傾向がある。100㎞に対して走る時間が長くなればなるほど、完走率が低くなるので、勢いだけでレースに入ってしまう男性ランナーは、最後まで走り切ることができない。

女性ランナーは体のメカニズム上、無理をするような走り方はしないので、持続性があって完走率も高い。結局100㎞くらいの距離になれば、フルマラソンのような男女によるタイム差はほとんどなくなると考えて良いだろう。

PART 3
効率の良い走りを身につける

ランニングフォーム

自分に合った理想のフォームを身につける

長距離を走り切るためのフォームを身につける

ランニングフォームは、大きく「ピッチ走法」と「ストライド走法」に分類され、スピードは、ストライドとピッチで決まります。もし脚の長さが違うランナーが、同じスピードで走るとしたら、脚の短いランナーは、脚の長いランナーと同じようにストライドを大きくとるか、ピッチを速くして脚を動かさなければなりません。逆に脚の長いランナーは、ストライドを大きくとればピッチは必要以上にあげる必要はありません。

どちらにしても、**100㎞という長距離を走るためには、体力的なロスが少ない効率の良いフォームを身につけることがポイント。**自分に合ったピッチとストライドを理解し、できるだけ長く、同じフォームで走り切ることが大切です。

完走のツボ

悪いフォームは故障の原因になる

常に正しいフォームを意識してランニングすることが大事。

ある程度の経験があるランナーでも、ウルトラマラソン挑戦にあたり、自分のフォームをチェックしておきましょう。悪いフォームで長い距離を走ると、体のどこかに故障をきたしやすくなります。

POINT 1
ピッチとストライドを調整してスピードを維持する

ピッチ走法やストライド走法には、「歩幅何cm以上」や「1分で何ピッチ以上」という基準があるわけではありません。走っている自分がどちらを意識するかでフォームが決まってくると言えるでしょう。レースの前後半でも、コンディションによってピッチ数やストライドの幅は変わってくるので意識してスピードを調整する必要があります。

POINT 2
ピッチは体型や脚の長さで決まる

ピッチは基本的に、脚の長さに大きく関係します。脚が長ければ、それだけ速く振りにくくなり、脚が短ければ速く振りやすくなる「振り子」の原理に通じるものがあります。

POINT 3
足の蹴りと腕の振りでピッチを速める

足の蹴りや腕の振りもポイント。足は蹴り上げて折りたたみ、すばやく前方に踏み出した方が速くなり、腕もしっかり折りたたんで振った方がピッチは速くなる傾向があります。

+《プラス》1 アドバイス
自分の体型に似た速いランナーを真似る

自分にとって良いフォームとは何かを考えたとき、同じような体型(手脚の長さ)のトップランナーを参考にしてみると良いでしょう。ストライドの長さやピッチの速さ、腕の振り方などヒントがあります。速い選手の真似から入ることもスキルアップのコツです。

ULTRA MARATHON コツ21

ウォーキング

走りの原理を理解して正しいフォームをつくる

大きく前に足を出し、後ろ足はツマ先から抜く。

足を踏み込む。

完走のツボ

理にかなったフォームを理解する

正しいランニングフォームを理解するためにウォーキングフォームから見直す。

「ピッチか、ストライドか」という前に、走りの原理を理解しましょう。ウォーキングで姿勢をどのように維持すれば、スムーズに脚が出るのか、腕を振ることで脚の動きにどう影響するのかチェック。

大きく手を振り、カカトから接地する。
足を踏み込む。
重心移動しながら
逆足を前へ。

POINT 1

体を少し前傾させて足を前に出す

歩くときは体を少し前傾させることがポイント。そうすることで骨盤が傾き、脚が自然に前に出るようになります。脚の動きに合わせて腕の振りも同調させましょう。逆に体が起きあがっていると、脚の運びがスムーズになりません。

ULTRA MARATHON コツ22

ランニングフォーム①

前後への脚振りを意識してストライドを伸ばす

POINT 1

カカトを後方に引きあげてストライドを伸ばす

離地するときはツマ先から抜くようにすることで、しっかり地面を蹴ることができ、足が後方に跳ねあがるようになります。このときカカトがお尻につくぐらいの状態になることがポイント。そうすることで、脚を振るときにしっかりストライドが伸びてくれます。足首が途中でロックした状態ではストライドが伸びず、推進力も低下します。

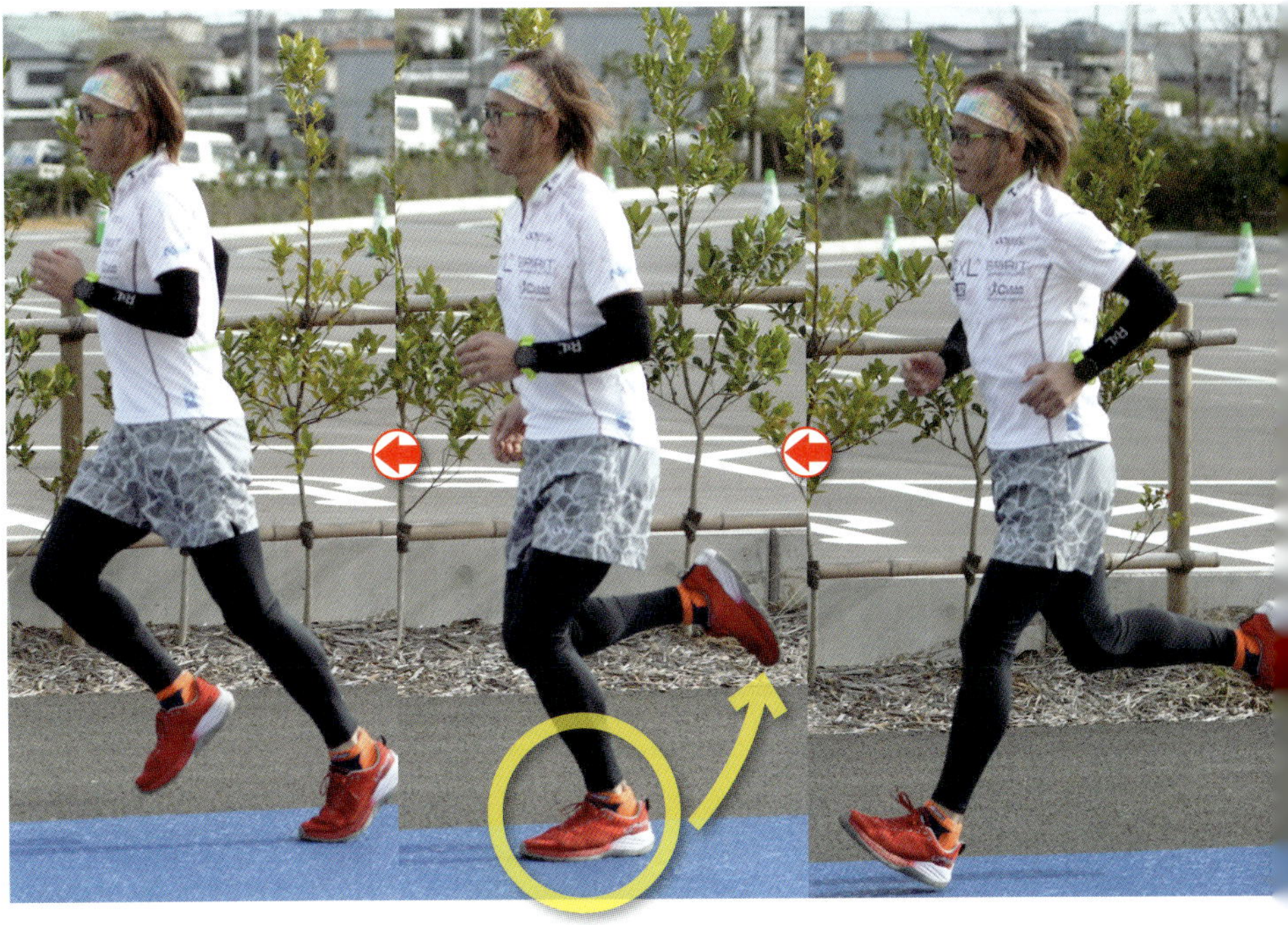

POINT 2
モモを高くあげて足裏で踏み込む

前に振り出した脚もモモを高くあげましょう。ヒザ下が地面と垂直になるように接地。ツマ先やカカトに偏らず、足裏全体でまっすぐ踏みこむようなイメージを持つと良いでしょう。

POINT 3
ヒジを90度にしてコンパクトに振る

腕はヒジを90度か、それ以上にたたみ、前から後ろへコンパクトに振るように心がけましょう。このとき、肩甲骨を背骨に寄せるようにし、胸を少し開くようなイメージを持つと、力まずスムーズに腕を振ることができます。首や肩に無駄な力が入ってしまい、肩があがってしまうとスムーズな腕振りができず、体力を消耗します。

ULTRA MARATHON コツ23

ランニングフォーム②

軸を意識して効率よく脚を動かす

完走のツボ

軸のつくり方によって走りに違いがでる

軸を意識することで、脚が前にスムーズに出る。

骨格や体型によって、脚のまわし方にも違いがでます。「ローリング走法」をチェックし、自分の走りに合った軸をつくりましょう。軸を意識することで効率よく脚を動かすことができます。

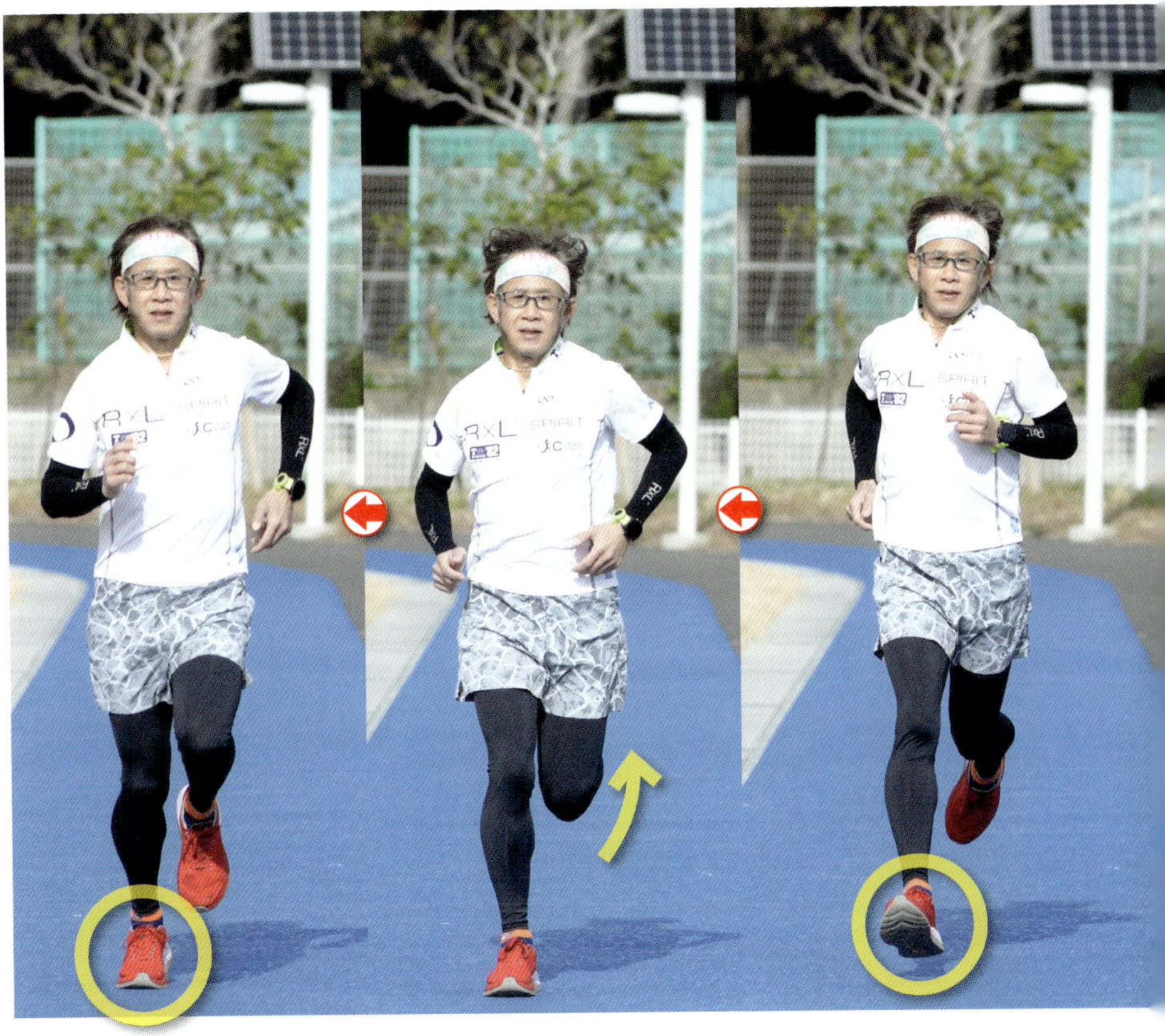

POINT 1

重力とケンカしないで自然体で走る

体を前に倒すと、脚が前に出てきます。重力とケンカせず、自然に足をまわしていくことがポイントです。脚の回転と腕振りをしっかり連動させることで、ピッチを速くし、ストライドを無理なく伸ばすことができます。ベタ足や跳ねたような走り方にならないよう注意しましょう。

フォームづくり

正しいフォームで走るための意識づくり・動作づくりを取り入れる

筋力トレーニングに意識づくりを加える

ロスなく効率良く走るためには、体の大きな筋肉をしっかり動かすことがポイント。長時間、走り続けるために必要な筋力や筋持久力をつけるには、普段からのランの練習が効果的ですが、**並行して筋力トレーニングや正しいフォームを身につけるための意識づくりを取り入れることも大切です。**

そうすることで、体全体を使ったフォームが身につき、走りでもしっかり足を振り出せるようになり、効率の良い走りが身についていきます。ただし、トレーニングの目的を理解せず、ただ単に筋力アップしても走りにはつながりません。

ここからは良いフォームで走るための意識づくり、動作づくりに取り組んでいきましょう。

完走のツボ

トレーニングを通じてケガを防止する

走る前は「フォームづくり」のトレーニングを実施する。

走るときに使う筋肉を強くすることで、腰やヒザなどのケガを防止することができます。良いフォームをつくるためのエクササイズを取り入れることで、動作はもちろん、体のパーツに対しての意識の仕方もチェックしましょう。

※各エクササイズは10回程度を目安に行う。

POINT 1 脚を前方に振り出しキックする

「1.2.3」とリズムをつけながら足を踏み込む。
モモを高くあげたところで前方にキックする。
キックしたら足を着地し、後方に戻って同じ動作を繰り返す。※逆足も行う

POINT 2 カカトをお尻につけるように振る

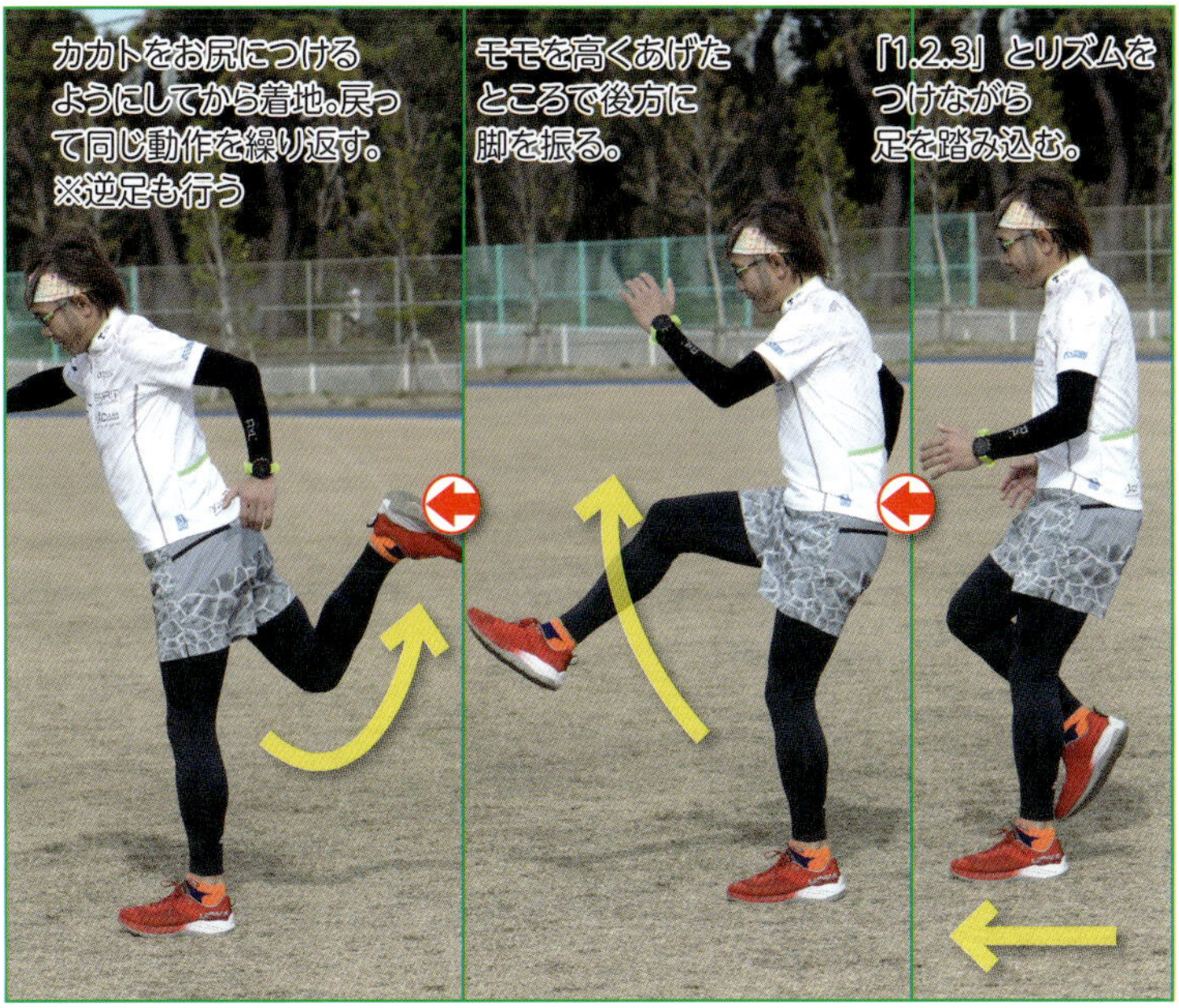
「1.2.3」とリズムをつけながら足を踏み込む。
モモを高くあげたところで後方に脚を振る。
カカトをお尻につけるようにしてから着地。戻って同じ動作を繰り返す。※逆足も行う

POINT 3
モモを上下させて脚をすばやく動かす

脚の動きに合わせて腕もしっかり振る。
できるだけ早く脚を動かす。
その場でモモを上下させて脚を動かす。

POINT 4
尻にカカトをつけるように脚を後方に動かす

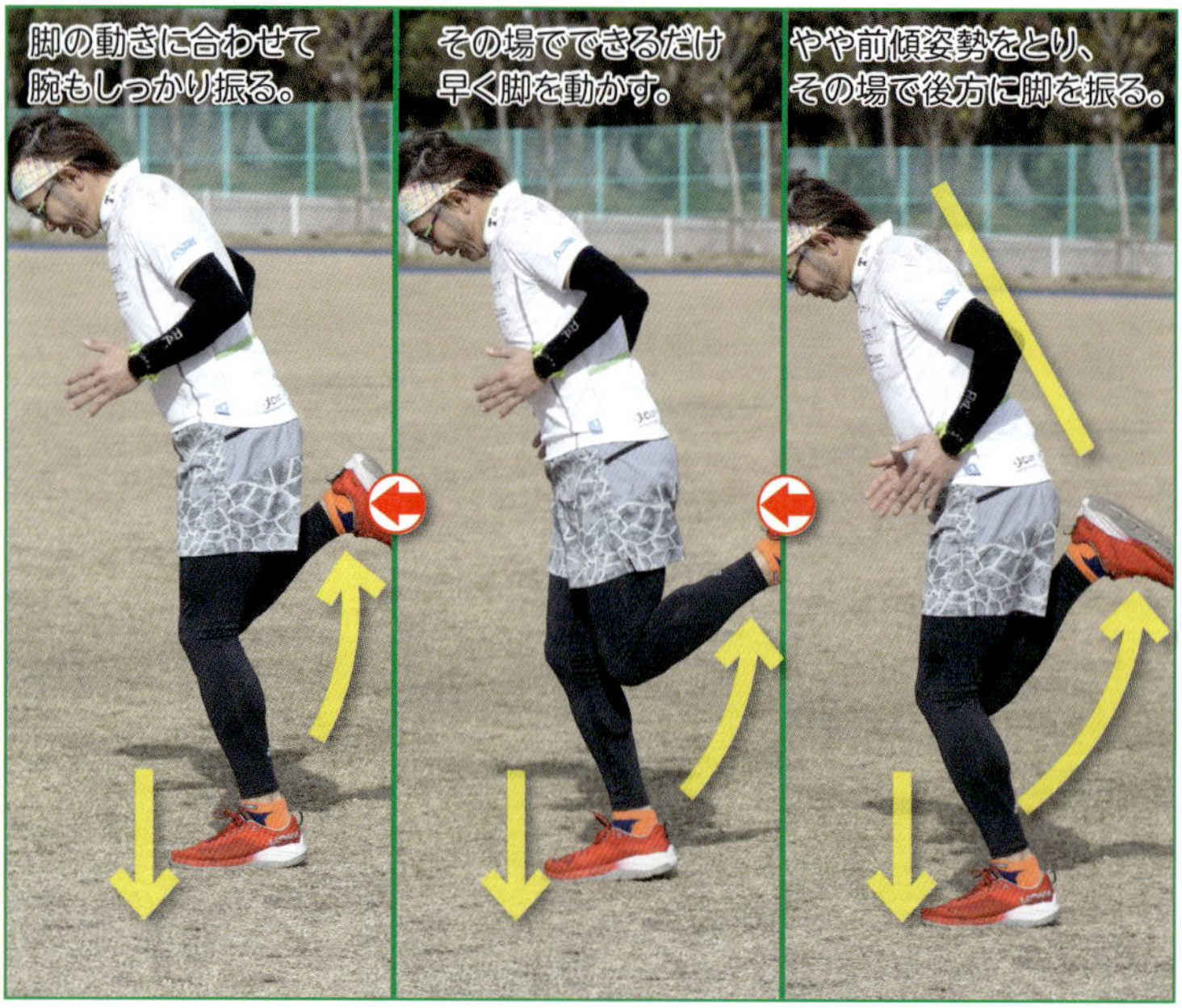
脚の動きに合わせて腕もしっかり振る。
その場でできるだけ早く脚を動かす。
やや前傾姿勢をとり、その場で後方に脚を振る。

POINT 5 股関節内の筋肉を伸ばして負荷をかける

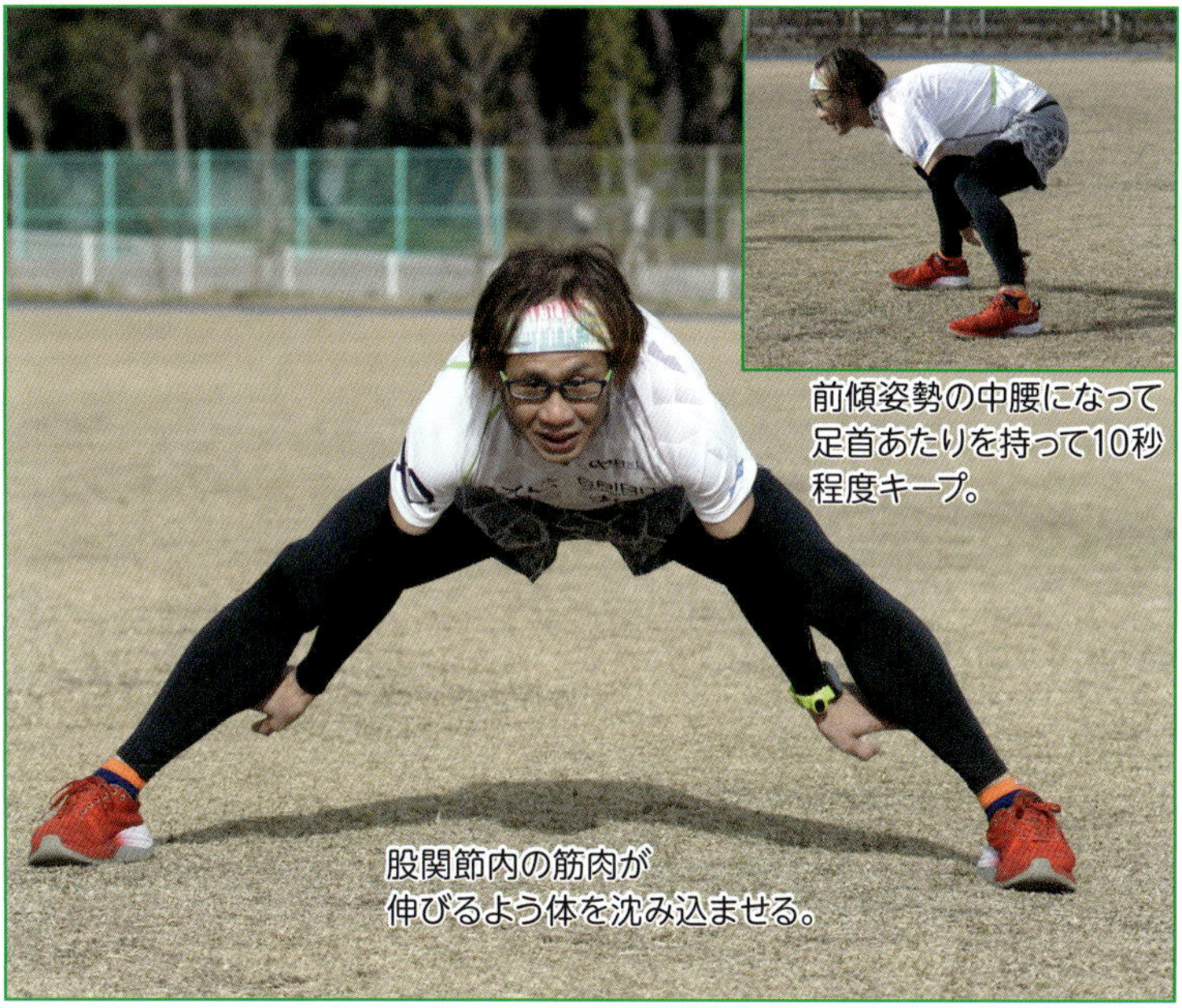

前傾姿勢の中腰になって足首あたりを持って10秒程度キープ。

股関節内の筋肉が伸びるよう体を沈み込ませる。

POINT 6 本格的に走る前に意識づけを行う

良いフォームで走るための意識づけは、ウォーミングアップやウォーキング、軽いジョギングの後に行いましょう。走る前に取り入れることでランニングに好影響を与えます。

走る前に各POINTの意識づけを行う。

＋1《プラス》 アドバイス

日々の「意識づけ」をフォームづくりに生かす

「意識づけ」を正しいフォームづくりにつなげていくことが大切。日々の練習でチェックしていくことで、良いフォームが身についていき、レース本番の準備に生かされていきます。

Column

小さな1秒が大きな1秒になりタイムに大きな影響を及ぼす

ハードル種目のトップ選手になると、スタートから一台目までのハードルをはじめ、それ以降のハードル間やコーナー、ラストまで区間ごとにタイムをチェックしている。弱点となる区間を洗い出し、ウィークポイントの克服や強化したい区間を練習メニューに反映して取り組んでいる。

トレイルランは、トップランナーが取り入れているほど、マラソンのトレーニングにもなる競技。起伏にとんだコースを走ることで、股関節内のインナーマッスルに働きかけることができる。しかし、ただ走っているだけでは、トレーニングの意味がない。コースの上り下りや曲がり角の走り方をしっかり意識して、イメージ通りに動作することが大切。セクションごとにタイムをとって自分の走りの得手不得手を把握することもポイントだ。

ウルトラマラソンも同じようにコースの起伏やコーナーにあった走り方を極め、1秒にこだわること。100㎞という長い距離においても、1秒に執着し、練習を積み重ねていくことが大事。1㎞の1秒がトータルで100秒になり、小さな1秒が大きな1秒に変わってくる。「あと○秒で完走制限時間内に走り切れなかった」「目標タイムにあと○秒届かなかった」ということがないようにしっかり詰めていく。

PART

4

ウルトラマラソンのトレーニング計画

ULTRA MARATHON コツ25

レース日の設定

1年以上前に出場レースを決める

出場権が確定しなくても練習と準備をはじめる

例年、ウルトラマラソンの大会要項は、1月ぐらいに発表されるので、予定をチェックして出場レースを決定しましょう。自分の実力にあったレース、走ってみたいコース、レース日に向けての準備期間などをトータルで考えて、申し込むことが大切です。

実際の申し込みは、レース半年前ぐらいからなので、出場が確定する前に練習やレースに向けての準備をスタートしなければなりません。フルマラソンほど参加人数が多くならないウルトラマラソンの場合は、一部の大きな大会を除いて抽選に外れたり、出場権がとれないことは少ないので、1年前に目標レースを設定しましょう。

完走のツボ

主要レース以外は出場権がとりやすい

サロマ湖や四万十川周辺で行われるウルトラマラソンは人気のレースだ。

サロマや四万十などのウルトラマラソンの主要レース以外は、申し込みすれば、比較的すんなりと出場権が得られます。目標レースを設定したら、すぐに練習や準備をスタートしましょう。

POINT 1

ウルトラマラソンの年間カレンダーをチェックする

開催月	主なウルトラマラソン大会予定
1月	屋久島一周ウルトラECOマラニック（鹿児島） 宮古島100㎞ワイドーマラソン（沖縄）
2月	小江戸大江戸200kフットレース（埼玉）
3月	南房総みちくさウルトラマラソン（千葉） 大村湾一周ウルトラジョグトリップ（長崎）
4月	奥出雲ウルトラおろち100キロ遠足（島根） チャレンジ富士五胡ウルトラマラソン（山梨） 奥熊野いだ天ウルトラマラソン（和歌山）
5月	橘湾岸スーパーマラニック273（長崎） えびす・だいこく100㎞マラソン（島根） 赤穂ウルトラマラソン（兵庫）
6月	飛騨高山ウルトラマラソン（岐阜） サロマ湖100㎞ウルトラマラソン（北海道）
7月	北オホーツク100㎞マラソン（北海道） みちのく津軽ジャーニーラン（青森）
8月	Over Nightみちくさウルトラマラソン60㎞（神奈川）
9月	白山・白川郷100㎞ウルトラマラソン（石川） 丹後100キロウルトラマラソン（京都）
10月	えちご・くびき野100㎞マラソン（新潟） 伊南川100kmウルトラ遠足（福島） 四万十川ウルトラマラソン（高知）
11月	南伊豆町みちくさウルトラマラソン（静岡） いにしえの道・奈良～京都遠足（奈良） 橘湾岸スーパーマラニック273（長崎）
12月	沖縄ウルトラマラソン（沖縄）

※大会の都合により変更等生じる場合があります。

POINT 1

1年スパンでレースと練習の計画を立てる

ウルトラマラソンのレース日は1年前に設定し、それまでの1年スパンで練習を積み上げていきます。この間、フルマラソン用の練習も並行して行うので、大会スケジュールによってはフルマラソンへの参加も可能となります。1年を通じて無理のないスケジュールを組んで、ランニングライフを充実させることを心がけましょう。

＋《プラス》1 アドバイス

暑気に入る時期のレースは対策が必要

レースが開催される季節によって、準備期間に若干の調整が必要です。特に注意したいのが5月～6月のレース。この頃は徐々に温度や湿度があがるタイミングで、人の体としても暑気順化で対応します。7～8月の暑さ対策の練習が、レースに生かされます。

ULTRA MARATHON コツ26

年間スケジュール

月ごとに練習内容を変えて取り組む

徐々に強度をアップしてレース前は調整モードに入る

出場するレースが決まれば、逆算して練習の回数がみえてきます。1年計画で進められれば、それだけスケジュールに余裕があり、フルマラソンのレースや練習と並行して取り組むことができます。**基本的にはフルマラソンの練習プラスウルトラマラソン用の長距離ラン（ウォーキング）を月二回行います。**

そのためレース日に対して十分な余裕がないと、ウルトラマラソンに向けた練習の回数が限られてしまうので注意。目標タイムに応じた設定内容でトレーニングし、強度はレースに向けて徐々にアップしていきますが、レース1ヶ月前からは、負荷を落としていきます。そうすることで万全のコンディションでレースに向かうことが可能になります。

完走のツボ

タイムに応じた練習計画を立てる

目標タイムに応じた練習メニューで、最終的なゴール（完走）を目指す。

自分の走力にあった目標タイムに応じて、練習の負荷やボリュームが変わります。次ページ以降の「目標タイム別練習メニュー」をチェックしてトレーニング計画を練ってみましょう。

目標タイム（平均タイム／km）	11ヶ月前 完走時間の5割 ウォーキング・ラン	10ヶ月前 完走時間の6割 ウォーキング・ラン	9ヶ月前 完走時間の8割 ウォーキング・ラン	8ヶ月前 完走時間の5割ラン	7ヶ月前 完走時間の6割ラン	6ヶ月前 完走時間の8割ラン
7時間以内（4分）	3時間20分	4時間	5時間20分	3時間20分	4時間	5時間20分
7時間30分（4分15秒）	3時間30分	4時間15分	5時間40分	3時間30分	4時間15分	5時間40分
8時間（4分30秒）	3時間45分	4時間30分	6時間	3時間45分	4時間30分	6時間
9時間（5分）	4時間10分	5時間	6時間40分	4時間10分	5時間	6時間40分
10時間（5分30秒）	4時間35分	5時間30分	7時間20分	4時間35分	5時間30分	7時間20分
11時間（6分）	5時間	6時間	8時間	5時間	6時間	8時間
12時間（6分30秒）	5時間25分	6時間30分	8時間40分	5時間25分	6時間30分	8時間40分
13時間（7分）	5時間50分	7時間	9時間20分	5時間50分	7時間	9時間20分

月に1～2回はウルトラマラソン用の練習を行う。最初の6ヶ月は完走時間を想定したトレーニング。月2回のうち1回は、本番のレースと同じスタート時間帯から行う。

1ヶ月前 調整	2ヶ月前 40km走 レースペース	3ヶ月前 80km走 レースペース＋30秒	4ヶ月前 60km走 レースペース＋30秒	5ヶ月前 50km走 レースペース＋30秒	目標タイム（平均タイム／km）
コンディショニング重視	4分	4分30秒	4分30秒	4分30秒	7時間以内（4分）
	4分15秒	4分45秒	4分45秒	4分45秒	7時間30分（4分15秒）
	4分30秒	5分	5分	5分	8時間（4分30秒）
	5分	5分30秒	5分30秒	5分30秒	9時間（5分）
	5分30秒	6分	6分	6分	10時間（5分30秒）
	6分	6分30秒	6分30秒	6分30秒	11時間（6分）
	6分30秒	7分	7分	7分	12時間（6分30秒）
	7分	7分30秒	7分30秒	7分30秒	13時間（7分）

後半6か月は距離とペースを意識してトレーニングする。最後の1ヶ月はコンディショニング重視。月2回のうち1回は、本番のレースと同じスタート時間帯から行う。

POINT 1
目標タイムに応じた練習を月二回で行う

１００㎞の完走タイムを7時間以内から13時間までの8つのグループに分け、自分の目標タイムに応じた練習を月二回のペースでこなしていきます。最初はウォーキング&ランからスタートし、月が進むにつれて強度をアップしていきます。最終段階のレース1ヶ月前は調整に入り、コンディショニングを重視することがポイントになります。

POINT 2
1年の前半は長時間走ることに体を慣らす

月二回のウルトラマラソン用の練習は、レースのスタート時刻を想定して行うことが大切です。例年のスタート時刻をチェックしてはじめましょう。一年の前半部分は「完走時間」に対しての想定練習となります。完走時間の5割、6割、8割のラン（ウォーキング）を練習ごとにクリアして、長時間走ることに体を慣らしていきます。

POINT 3
1年の後半は距離とペースを意識して走る

ウルトラマラソン用の練習は、後半に入ると距離やペースを意識して走ります。最大で8割となる80㎞の距離をレースペースプラス30秒の幅で走り、仕上げていきます。レース2ヶ月前はレースペースで40㎞の距離を走ります。ペースとなる1㎞のラップタイムは目標タイムによって変わるので、走りながら自分のペースがあっているのかチェックしましょう。

+《プラス》1 アドバイス
レース1ヶ月前は体調管理を入念に行う

1ヶ月前までに練習を通じて、「時間や距離」に対しての不安をなくし、自信をつけておくことが大切。レース3週間前からは体調をしっかり管理しましょう。必要以上の練習でケガをしたり、体調を崩して風邪を引いたりしないようコンディションを整えます。

ULTRA MARATHON コツ27

週刊スケジュール

週末に長距離を走る感覚を身につける

週末の長距離ランにピークを持っていく

レースの設定に対してスケジュールを立て、練習メニューを消化していくうえで重要なのが、週末ランに体の状態をピークに持っていくことです。**これを毎週繰り返すことで、レース日（多くのレースは週末に行われる）に、トップコンディションでのぞむことが可能になります。**

ウルトラマラソンの練習は月二回が基本。ウルトラマラソン用の練習がない週は、フルマラソン用の距離走、ハーフ、フルマラソンのレースを入れて強い負荷を掛けていくことがポイント。週末に体のピークを持っていくことが習慣づけば、一週間のサイクルをキープしたまま、自然体でレース本番にのぞむことができます。

完走のツボ

高強度なランの後は休息日を設ける

強度が高い練習の翌日は、休養かウォーキング、軽いジョグ程度に抑える。

高い負荷をかけたら、必ず休むことが大事。長距離ランの翌日か、月曜日をオフにあてて、しっかりコンディションの調整につとめましょう。無理し過ぎてしまうとケガの要因になってしまいます。

POINT 1

平日はフルマラソン用の練習で走力をアップする

1週間の練習事例		
月	休養 or jog	治療等
火	1.5km×3～5本 等	インターバル
水	jog	
木	10km～15km	ビルドアップ走
金	jog	
土・日	距離走 ウルトラ練習 レース 等	いずれか1日

月曜日のジョギングからスタートして、平日はフルマラソン用の練習で走力をアップ。週末にウルトラマラソンの練習で長い距離を走る。

POINT 2

週末はレースモードという感覚を身につける

月曜日で一旦リセットして、火曜日以降にインターバル走やビルドアップ走、ペース走などを練習に取り入れていきます。週末には、各地でてハーフマラソンやフルマラソンなどの大会が開催されているので、体に無理のないタイミングで参加します。週末はレースモードという感覚を準備段階からの4～5か月程度で身につけていきましょう。

+1《プラス》 アドバイス

一週間のなかで自然に体を動かす習慣をつける

プロランナーとして活動していない限りは、どうしてもスケジュール通りに練習できない週も出てきます。そのようなときは、朝の通勤で少し多めに歩くなどの工夫が必要。距離やタイムにノルマを設けず、一週間の流れのなかで自然に体を動かすことを心がけましょう。

ULTRA MARATHON コツ28

練習内容

目的に合った練習を週末前にこなしていく

月曜日から金曜日まではフルマラソン用の練習を行う

長距離走では、トレーニングを重ねた分だけタイムにつながると考えられています。しかし長距離ランをやみくもに重ねても、長い時間が必要なだけでなく、体のどこかに故障をきたしてしまいます。**目的に合わせた練習を取り入れることで、ケガのリスクを抑え、効率よく走力アップすることができます。**

一週間の短いスパンで考えたとき、月二回の週末はウルトラマラソン用の練習（またはレース）にあて、週が明けたらオフにして体を休めるか、軽めのジョグやウォーキングを行います。火曜日から徐々にトレーニングの強度をあげていき、週末にピークを持っていく流れをつくります。その間の月曜日から金曜日までは、フルマラソンに向けた練習メニューが中心になります。

完走のツボ

平日は目的に合わせたトレーニングを行う

平日はフルマラソン併用の走力アップの練習を行う。

平日に行うフルマラソン用の走力トレーニングは複数あり、それぞれ目的が違います。テーマを理解して取り組むことで、自分のウィークポイントを克服することが可能になります。

POINT 1

一歩ずつフォームを意識しながら歩く

ウォーキングは走る動きに比べて、足への衝撃が小さいためケガのリスクを回避しつつ体を動かし、フォームの確認作業もできます。練習前のウォーミングアップや練習の負荷を小さくしたいときに取り入れると良いでしょう。腕の振りやモモ上げの高さ、足裏の接地など一歩一歩、確認しながらウォーキングすることを心がけましょう。

ウォーキング

POINT 2

正しいフォームを意識して一定のリズムで走る

走力アップを目的とするジョギングは、正しいフォームで一定のリズムで走ることが大切です。本格的な練習前にジョギングを取り入れることで、ウォーミングアップとしてだけでなく、その日のコンディションを確認できます。ウォーキングから一段階進んだエクササイズなので、「ウォーキング→ジョギング」という順番が良いでしょう。

ジョギング

POINT 3

レースを想定したペースで走り身体能力をアップする

ペース走は、一定のペースを守って設定した距離を走る練習です。ジョギングよりも速いペースを設定することで、レースでの走り方を想定でき、実戦的なトレーニングになります。ペース走を重ねることで、徐々に身体能力が向上します。ある程度、ペースがつかめてきたら、さらにペースを上げて走力をアップしていきます。

＋《プラス》1 アドバイス

同じぐらいのレベルのランナーと並走する

レースのようなペースを維持するランは、身体的にも精神的もキツイ練習です。タイムや距離を設定しても、一人で走っているうちにペースが上下してしまうことがあります。同じぐらいのレベルのランナーと並走することで、お互いのペースを確認し合いながら、一定のペースで走ることが可能になります。

POINT 4

スピードアップとダウンを繰り返して心肺機能をあげる

インターバル走は息があがるぐらい走った後に、ウォーキングやジョギングで息を整え、再び加速して走るトレーニングです。心肺機能が鍛えられ、スピードをあげたときに呼吸が楽に感じられるようになります。スピードをアップしたときはフォームがダイナミックになるので、筋肉への負荷も大きくなるハードな練習となります。

POINT 5

段階的にスピードアップしてレース後半に強くなる

決められた距離に対して、最初は抑え気味のペースで走り、徐々にスピードアップしていくのがビルドアップ走です。最後はレースよりも速いスピードで走り終えることがポイント。レース後半で力を発揮するための効率の良い走り方をマスターしましょう。慣れてきたら1km単位でタイムを5～10秒ずつあげていきます。

POINT 6

坂道を利用して筋力と心肺機能をアップする

平坦なコースで練習を続けていると、体が慣れてしまいます。ときには集中的に坂道を走るトレーニングを取り入れることで、いつも以上の負荷を筋肉に与え筋力と心肺機能をアップすることができます。坂道の練習は、主に上りを利用しますが、下りではダイナミックなフォームの感覚を身につけることができます。

POINT 7

会話ができるぐらいのペースで走り長距離を克服する

ゆっくりしたペースで時間をかけ、長い距離を走る練習を「ロング・スロー・ディスタンス（LSD）」といいます。会話できるぐらいのペースをキープして、スピードの出し過ぎには注意することがポイントです。目的は長距離を走る体をつくることと、距離に対する不安をなくすこと。ウルトラマラソン専門の練習では、週末ランに導入すると良いでしょう。

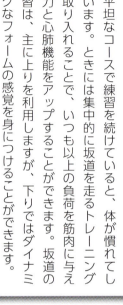

PART

5

レースの走り方を身につける

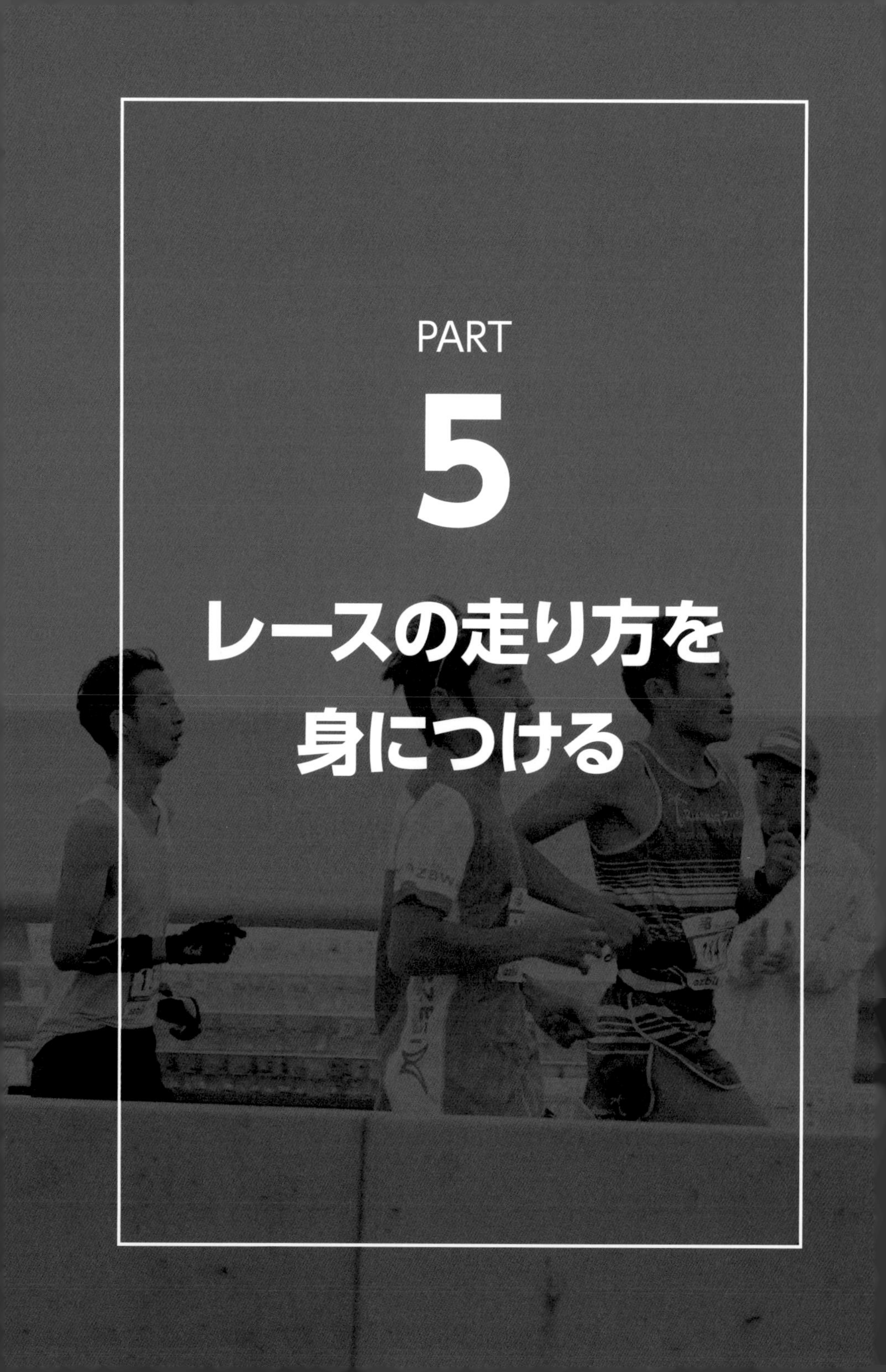

ULTRA MARATHON コツ29

レース前

スタート地点への移動手段を確保する

交通の便が良い場所がスタート地点とは限らない

フルマラソンのスタート地点は、公道や公園など広いスペースを使って確保され、公共の交通機関のアクセスも良い場所が選ばれます。しかしウルトラマラソンの場合は、100㎞という長いコースを確保するために、スタート地点が必ずしも交通の便が良い場所とは限りません。

レースに参加するときは、体への負担やコンディションの調整も含めて前日泊が基本となりますが、**宿泊施設からスタート地点までの移動手段やアクセスも確認しておく必要があります。**

スタート時刻が午前4～5時に設定されていれば、当然その時間に公共の交通機関は動いていません。レンタカー等を手配したり、現地でサポートしてくれる人がいるとよいでしょう。

完走のツボ

前日は宿泊して万全の状態でレースに参加する

遠方でのレースは宿泊が基本。前日の過ごし方も大切だ。

ウルトラマラソンは、地方の開催が多くなります。移動での疲れやコンディション維持を考えると、前日入りし、宿泊してからのレース参加が基本。万全の体調でレースにのぞみましょう。

POINT 1 都市圏のレースはアクセスが良好

大会によっては、100km未満の距離を走るウルトラマラソンのレースもあります。大都市で開催され、定められたコースを周回して走るようなレースは、交通アクセスが確保されています。

POINT 2 費用面も含めて入念に準備する

ウルトラマラソンの参加を費用面で考えると、エントリー費をはじめ、旅費や宿泊費、レースで使用するアイテム等の費用を含めて、それなりの予算がかかることが多いです。特に地方でのレースの場合、旅行と同じような手配や費用が必要になります。ある程度、余裕を持って計画を立て、予算面からもしっかり準備する方が得策でしょう。

POINT 3 レースに備えてコンディショニングを重視する

旅行感覚でレースに向かってしまうと、思わぬ落とし穴にはまってしまいます。レース前の暴飲暴食は避け、本番に備えましょう。楽しみは完走の後にあるという意識でのぞむことが大切です。

+1《プラス》 アドバイス

100km完走を越えるさらに過酷なレース

ウルトラマラソンは100kmの距離がポピュラーですが、舗装された道路ではなく、山道を走るトレイルランのレースもあります。さらに過酷な200km超の距離を一気に走るスパルタスロンや数日間にわたってレースするものも海外では行われています。

ULTRA MARATHON コツ30

レース直前

不安要素をなくしてスタート地点に立つ

事前にチェックすることで不安要素を頭からなくす

レース当日は、いかに「走るだけ」という状況の準備をすることが大切。スタート地点に立った時点で、何か足りないものがあったりすれば、不安要素が重なり、思い通りに走ることはできません。

そのためにもレース当日に使用するアイテムのリストを事前に用意しましょう。**チェックシートをつくっておくことで、安心してレースにのぞむことができます。**

レースが開催されるコースの下調べも、できる限り行う方が良いでしょう。過去に走ったレースなら、ある程度の道程がイメージできます。Googleマップなどを使ってチェックしたり、路面の状況を見ておくだけでも安心材料になります。

完走のツボ

できる範囲でコースを下見して準備する

当日、ぶっつけ本番になるよりは、少しでもコースを下見しておきたい。

レース前日の宿泊では、コースを下見する時間が限られてしまいます。インターネットや自分の足を使って、できる範囲でコースをチェックすることでレースへの不安要素をなくします。

POINT 1

ウルトラマラソン用持ち物チェックリスト例

- □キャップ
- □サンバイザー
- □時計
- □サングラス
- □ウエア上下
- □ソックス
- □シューズ
- □着替え
- □ジェル
- □サプリメント
- □ワセリン
- □テーピング
- □日焼け止めクリーム
- □スペシャルドリンク
- □安全ピン
- □ティシュ
- □ウェットティシュ
- □タオル
- □携帯トイレ
- □手袋
- □アームウォーマー
- □リストバンド

POINT 2

コースを事前にチェックして走りをマネージメントする

コースの起伏や急所、エイドのポイントなどが事前にわかっていれば、ランのマネージメントがしやすくなります。過去に走ったことがあるレースなら、よりイメージしやすいでしょう。走ったことがないレースなら、できるだけ情報を集めることがポイント。Googleマップなどを確認するだけでもコースの全体像がイメージでき、本番の走りのプラスになります。

＋1《プラス》 アドバイス

路面をチェックしてロスのない走りをする

トップランナーになると路面のチェックも怠りません。雪国の場合、わだちがあって走りに支障をきたします。雨で濡れた路面は凹凸がはっきりするので、チェックするには最適。走りにくい路面で上手にコース取りすることも、体力の温存につながります。

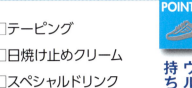

ULTRA MARATHON コツ31

スタート

スキルに応じた位置からスタートして走る

スタート前に温めた体を冷やさないよう保護する

レースは全体を五分割にして考え、それぞれのポイントをクリアしていくことが、完走や好タイムにつながります。特にスタートは、静から動に切り替わる局面なので、ストレッチや軽いジョグを入れて、しっかり体を温めておきましょう。

大抵のレースは、スタート地点に立ってから実際にスタートするまでの時間が長くとられています。**この間に体を冷やさないよう使い捨てできるようなレインコートやポンチョなどを着用し、スタート直前に脱ぐのも良いでしょう。**

スタート位置はランナーのスピードやスキルに応じたポジションになりますが、あくまで完走を目指すようなランナーは接触のリスクが少ない外側エリアがお勧めです。

完走のツボ

レースによってスタート位置の並び方が変わる

実力が伴わないスタート位置にいると、アクシデントを引き起こしてしまうことも。

一度スタート地点から離れてしまうと、その位置に戻れない大会があります。事前にトイレを済ませ、スタート位置につくことが大事。好ポジションが無駄にならないよう注意しましょう。

POINT 1 最初のカーブと逆側の外を安全に走る

完走が目標のランナーは、できるだけ外側からスタートしましょう。スタート後にカーブがあるようなコースなら、曲がっていく方向とは逆側の外がベターです。スタート直後は、ランナーの数も多く、最初のカーブでは内側に人が集中します。思わぬ接触や転倒など引き起こさないよう、安全なルートからレースをはじめましょう。

POINT 2 使い捨てのレインコートはスタッフに回収してもらう

スタートの待ち時間で体を冷やさないことが大事。体が冷えた状態から急に動き出せば、ケガの要因となってしまいます。大きなレースになるとスタート地点周辺には、レインコートやポンチョなどを回収してくれる係員やボランティアスタッフがいます。スタート直前の頃合いをみて、着ているものを脱ぎスタートの準備に入ります。

POINT 3 スタート直後のトイレは大きなタイムロスになる

スタート直後のエイドステーションは、トイレが混雑する傾向があります。緊張や寒さから尿意も感じやすくなるので、スタート地点につく前は、しっかりトイレを済ませておきましょう。

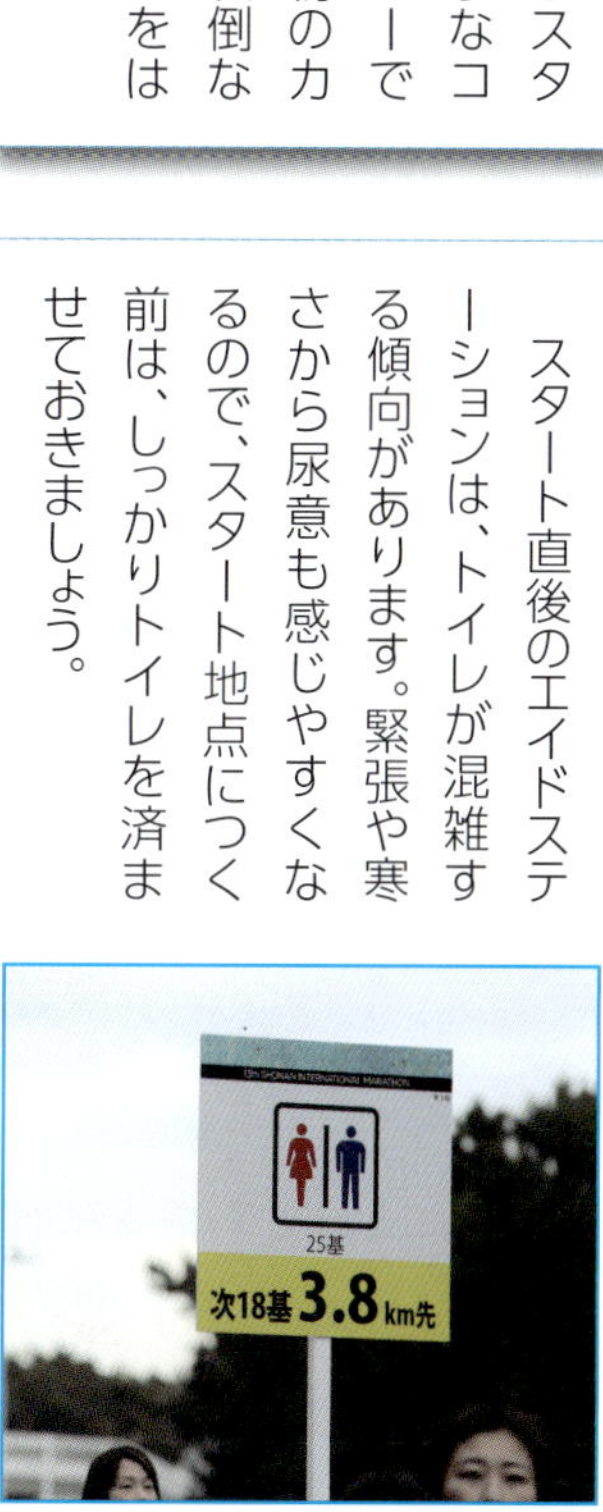

+1《プラス》 アドバイス

使い捨てても大丈夫なウォームアップウエアを身につける

スタート前に脱いだウォームアップ用のウエアは、回収されると手元に戻ってきません。より温かさを求めるなら、使い古しの洋服などを着ても良いでしょう。簡易的な方法としては、大きめのポリ袋をカットして手製のポンチョとして使用する方法もあります。

ULTRA MARATHON コツ32

レース展開

レースを五分割して各セクションを走る

調子に左右されず想定したペースを意識して走る

レースはスタートからゴールまでを五分割し、それぞれのセクションにおいての走りをマネージメントできることが理想です。①スタート直後から20㎞まで、②20㎞から40㎞、③40㎞から60㎞、④60㎞から80㎞、⑤80㎞からゴール（100㎞）に分けて考えます。

そのなかで「ペース配分は想定通りか」「エイドでの消費時間はオーバーしていないか」「ジェルを摂るタイミングが適切か」など、**5㎞ごとのラップタイムをみながら、自分の体と対話してレースを進めていくことがポイントになります。**コンディションが良いからといって、序盤から飛ばしてしまうと、そのツケは後半に確実にやってきます。

完走のツボ

セクションごとのポイントを理解してレースを走る

レースを大きく5つに分け、各セクションの注意点をチェックする。

五分割した各セクションで走り方を変える必要はありませんが、それぞれレースをマネージメントするうえでポイントになる要素があります。距離に応じた注意点や意識すべき点を理解しましょう。

POINT 1
コースの高低を理解して走る

コース高低図

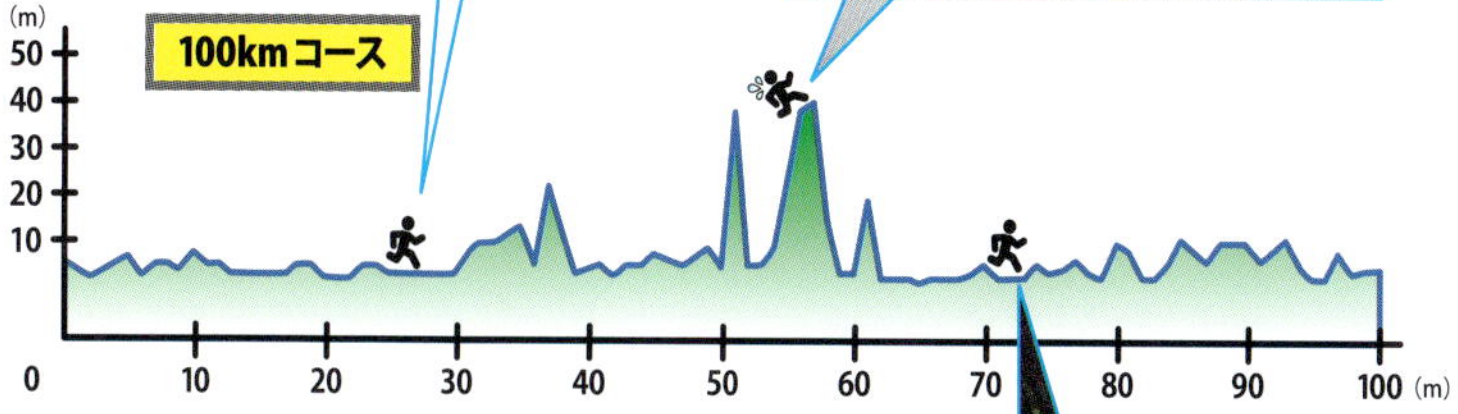

コースにはアップダウンがあり、起伏に富んでいる。コースの形状を把握しておくことで、ペースの上下にも慌てず対応できる。

POINT 2
5㎞ごとのラップタイムをチェックする

スタートしたら5㎞ごとのラップタイムでペースを把握します。エイドでのレストタイムやコースの高低によってもタイムに影響があるので、その点を差し引いて計算しましょう。

POINT 3
ペースの上げ下げで極端に走り方を変えない

想定していたラップタイムより遅れていても、決して慌てないことです。長い目でみて徐々にタイムを戻すことを考えましょう。逆にペースが早すぎるときは注意が必要。余裕があるからといって、急にペースを落としたりすれば、あっという間に時間を消費してしまいます。後半に少しでも体力を温存しておくことが、上手に走るポイントです。

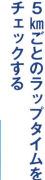

100kmウルトラマラソンのコースイメージ
オホーツク海
サロマ湖
km
90km
85km
95km
80km
75km
FINISH
70km
65km
60km
54.5km
50km

POINT 1

コンディションやエイドをチェックしながら走る

最初の10㎞は、足の運びやペースに気を配り、コンディションがどうなのか、気になることはないかチェック。同時にエイドステーションの飲み物や食べ物の配置などをチェックします。

スポーツドリンク
(アクエリアス)
スタート
～
20㎞

POINT 2

しっくりいくその日の走り方をみつける

20㎞以降はそれまでの流れを反復しつつ、走りの微調整や修正を行います。この時点で「残り80㎞」という考え方はせず、しっくりいくその日の走り方をみつけることを意識します。

PRESS
20㎞
～
40㎞

POINT 3 ゴールに対しての計画を再確認する

40km～60km

フルマラソンの距離を超え、半分以上の道のりをクリアすれば、ゴールがはっきりみえてきます。目標に対して今のペースで良いのか、確認しながら走り、ゴールに対しての計画をチェック。

POINT 4 余っているアイテムはこのセクションで捨てる

60km～80km

練習でこなしてきたことが試されるセクションであり、一番キツイところです。時間と距離に対して、しっかり把握しながら走ることが大事。限界に近づく足をできるだけスムーズに動かし、乗り切ることを考えましょう。アイテムの使用状況をチェックして、ジェルなどが多めに余っているようなら、少しでも軽くするために捨てることもポイント。

POINT 5 練習時の20㎞走をイメージして走る

80km～ゴール

ゴールに対してのカウントダウンがはじまるセクション。この距離になると、ストライドはどうしても小さくなるので、体全体を使って前に進むことを意識して脚を動かすことが大切です。いつもの練習で行う20㎞走をイメージしながら、練習コースの距離ごとにあるランドマークを思い浮かべて走れば、ゴールへの距離もグッと近く感じられるでしょう。

ULTRA MARATHON コツ33

エイドステーション

エイドを上手に活用してロスなく効率よく走る

必要な栄養分はできる限りエイドで補給する

ウルトラマラソンとエイドステーションは切っても切れない関係といえます。人間はエネルギーが不足すると、走ることはもちろん、ときには目がくらんだり、動くことすらできなくなってしまいます。**長時間走り続け、大量のエネルギーを消費するウルトラマラソンで完走するためには、レース中のエネルギー補給が大きなポイントになります。**

必要な栄養分をジェルや携帯用の補給食を持って走ることもできますが、それだけ重量が重くなり必要以上の負荷を体にかけることになってしまいます。むしろ一定の距離に設けられたエイドステーションを上手に活用することで、体に負荷をかけず効率よく走ることができます。

完走のツボ

ご当地グルメで栄養補給する

地方のレースになると、ご当地グルメがエイドステーションで味わえることもある。

エイドステーションでは、食べ物も提供されています。パンやおにぎりなど炭水化物はもちろん、ご当地グルメが食べられるような大会もあるようです。レースの楽しみ方のひとつといえるでしょう。

POINT 1
テーブル上の配置パターンを理解する

提供される飲み物や食べ物は、大会によってパターンがあります。進行方向に対してテーブル上に「飲み物」「食べ物」の順番で置いてあるのか、その逆かによっても摂り方が変わります。

POINT 2
トイレや救護所を利用する

エイドステーションは飲み物や食べ物の補給地点としての機能だけではありません。トイレや救護所なども設置されているので、どこにあるのかチェックして、必要に応じて利用します。

+《プラス》1 アドバイス
必要なサプリメントを摂取する

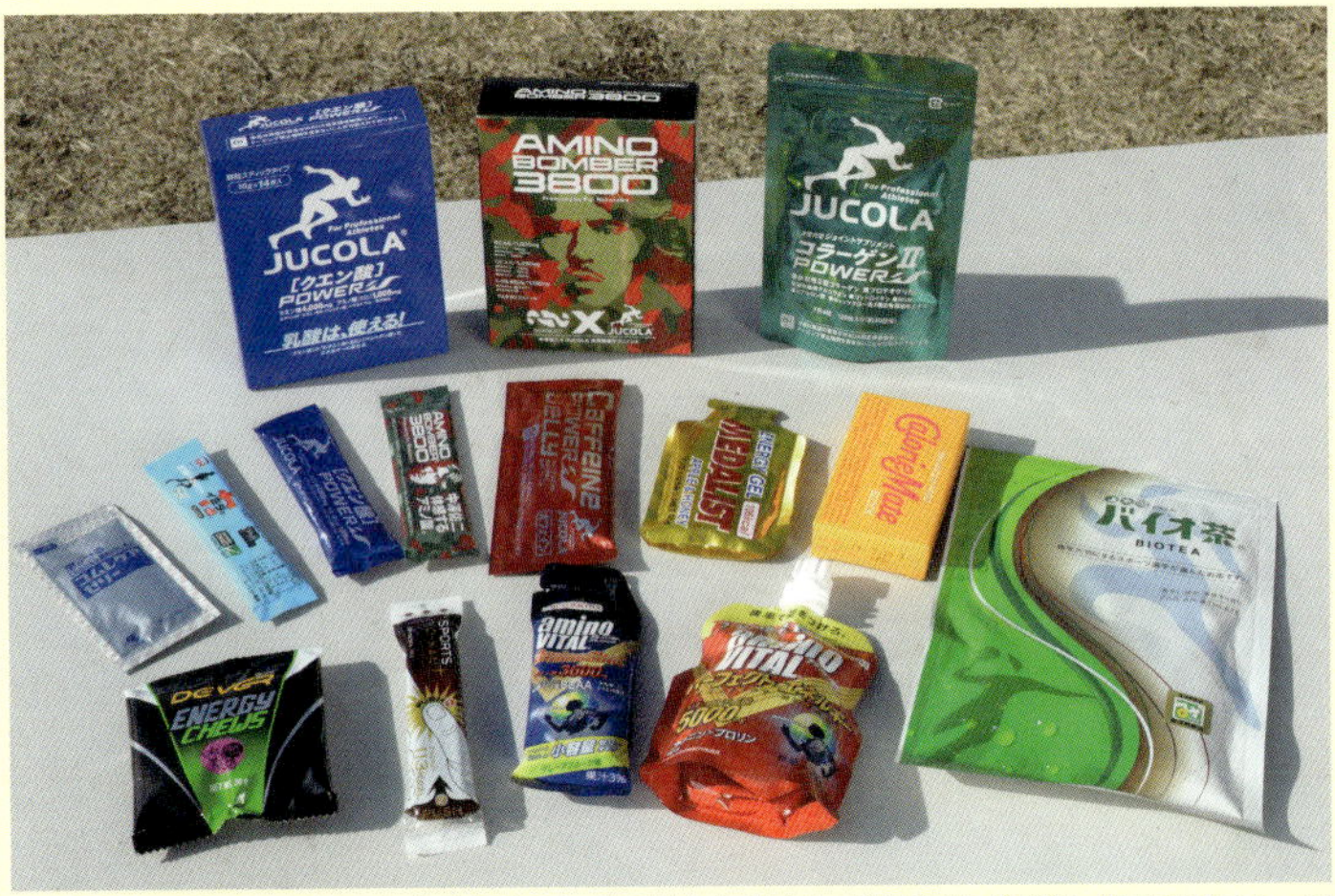

サプリメントは自分に必要な成分や味・食感の好みを精査して使うことが大事。持ちすぎると、走りにも支障をきたす。エイドステーションでは補給できない栄養のみをチョイスする。

ULTRA MARATHON コツ34

水分補給

適度な水分摂取でパフォーマンスを維持する

失われた体内の水分を水分摂取で補う

完走するためにカギを握るのが、レース中の水分補給です。熱中症対策など健康面はもちろん、走りのパフォーマンスにも関わる重要なポイントです。研究によると、**体重のおよそ2％の水分が失われたことで、有酸素性能力が20％程度減少するとされています。また、体内の水分が減少することで体温調節がうまくできなくなり、心拍数も増加**してしまうので注意。夏場は熱中症のリスクがとても高くなってしまいます。

レース当日の天候や温度、湿度によっても変化しますが、ある程度のパフォーマンスを維持するためには、自分の体重の2％以内に水分の損失量を抑えることを意識し、足りない分は水分摂取で補いましょう。

完走のツボ

距離に対して水分を摂るタイミングを考える

渇きを感じてからでは遅い。こまめな水分補給を心がける。

トップランナーはエイドにスペシャルドリンクを置くことができますが、通常の水やスポーツドリンクだけでも効果的な水分補給は可能。距離に対してのこまめな水分摂取を考えましょう。

POINT 1

体内で失われる水分量を把握する

練習で走る前の体重から走った後の体重を引けば、水分損失量が算出され、ある程度の把握ができます。着衣していない状態で、計測することがポイント。ランニング中に水分を摂取した場合は、走った後の体重に摂取した水分量も加えて引くことで総損失量がわかります。失われた水分量のパーセントは「水分損失量÷運動前の体重×100」で求めることができます。

POINT 2

余ったコップの水で体を冷却する

エイドでは水やスポーツドリンクが提供されています。レースによってはジュースやコーラの提供もあるようです。ノドが渇く前にこまめに飲むことがポイント。一気に飲み過ぎないよう注意しましょう。暑い時期のレースでは、摂取してから、あまったコップの水を頭にかけるなどして、頭や首筋を冷却することも有効です。

+1《プラス》 アドバイス

給水のコップはフチを上から持って口に運ぶ

フチを持つことで、
コップから水が
こぼれるのを防ぐ。

ULTRA MARATHON コツ35

栄養補給

こまかくゆっくり食べてエネルギー補給する

一気にすべて食べず少しずつ口に入れて走る

エイドステーションでは、様々な方法や食べ物で栄養補給することが可能です。少し口に含んで走るようなレーズンや梅ぼし、チョコレートをはじめ、軽い咀嚼でも飲み込むことができるオレンジやバナナなどのフルーツ、負担が掛からない程度でお腹にためることができるおにぎりやサンドイッチなどが配置されています。ご当地グルメのような食べ物も提供されるレースもありますが、摂り慣れていないものは注意が必要です。

経験のないランナーは、食べてからすぐ走ることで腹痛を引き起こしがちです。**少しずつ口に入れて、一気に食べきらないことが大事。ポケットに入れて少し走ったら、また少し口に入れるなど、進んだ距離に応じて少しずつ摂る方法も効果的です。**

完走のツボ

決めたポイントで確実に栄養補給する

事前にエイドステーションに何が置いてあるのかチェックすることが大切。練習を通じてお腹が空くタイミング(距離)を把握しているなら、その地点のエイドステーションで栄養補給しましょう。

レースマネージメントに沿った栄養補給で完走を目指す。

POINT 1 腹痛になるとパフォーマンスが低下する

走ることで内臓にダメージがある場合は、無理に口にしない方が良いでしょう。携帯しているジェルなどで対応しましょう。腹痛になってしまうとパフォーマンスが低下してしまいます。

POINT 2 ジェルはエイドで足りない栄養を補うアイテム

ジェルはエイドで摂ることができない栄養を補うものと考えましょう。持ちすぎてしまうと、その重さが走りに影響してしまいます。ポケットに入る程度のボリュームが目安です。

+1《プラス》 アドバイス

「不安」から摂る補給ではなく必要なエネルギーを摂る

ウルトラマラソン用の練習を通じて、距離に対して「自分は何が欲しくなるのか」という点を把握していれば、エイドごとに口に入れる必要はありません。ベストなタイミングで必要な量を計画的に摂ることです。スタート直後のエイドは混雑する傾向があるので注意。

ULTRA MARATHON コツ36

レストタイム

消費するレストタイムを計算して走る

エイドステーションに寄る回数でラップタイムを調整する

完走タイムを7時間内に設定しているランナーは10分程度、完走目標のランナーなら最大で1時間以上のエイドステーションでの休憩が必要とされています。

また、シューズの紐を締め直したり、トイレや着替えなどもレストタイムに含まれます。スタート位置によるロスタイムもあります。**想定しているラップタイムに対して、予想外のレストタイムがあった場合は、遅れた分をそれ以降に取り戻す必要があります。**しかし走りのペースを急に上げることは、リスクがあるので避けなければなりません。

エイドステーションに入る回数や時間を減らすなど、少しずつ取り戻していくことが大切です。

完走のツボ

レストを予測して無理なくレースをマネージメントする

レストタイムが生じた場合は、エイドステーションに立ち寄る回数や時間で調整する。

給水で15秒、トイレに入れば2〜3分のレストタイムが生じます。できる限り具体的なレストタイムを想定しておくことで、無理のないレースマネージメントが可能になります。

POINT 1
ラップタイムやエイドの情報の一覧を持参して走る

汗でもにじまないような使用済みのゼッケンなどに5㎞ごとの目標ラップタイムやエイドステーションに入るタイミング、そのほかのレストタイム等をあらかじめ一覧にして書き込んでおきましょう。ウェアの裏地に貼るか、ポケットに入れるなどして、自分の走りをマネージメントしつつ、想定通りの走りができているか確認、変更があった場合の対応策も準備しましょう。

ウェアの肌に触れない部分に、レースメモを貼り込む方法もある。

POINT 2
携帯用トイレを持参して走る

トイレのレストタイムは1回2~3分といわれています。尿意をもよおしたタイミングでトイレがない、トイレが混雑しているようなケースは、事前の対策がポイントになります。100円ショップで売られているような携帯トイレは、そのようなときに役立つアイテム。大幅なレストタイムにならないよう、トイレが近い体質の人は装備することも考慮しましょう。

携帯用トイレは、緊急時に持っていると便利。

ULTRA MARATHON コツ37

アクシデント

完走できるかどうかの判断を明確にする

救護室からレースへの復帰は判断が難しい

レース中はアクシデントが起こる可能性があります。走っている途中で練習以上の苦しさを感じたり、急に体に異変が生じるなど、ケースはさまざま。熱中症や故障が発生し、レースを継続することが難しいケースもあります。**コースには救護室が設置されていますが、このような事態に陥ったときに利用したらレースに復帰することはもはや難しいでしょう。**

関門が設けられているレースでは、通過時間がタイムオーバーしてしまうと、強制的に棄権とされてしまいます。何らかのアクシデントでタイムが大幅に遅れた場合、ギリギリで関門をクリアするような苦しいレース展開になってしまいます。ある程度、リタイアを視野に入れて走ることも必要です。

完走のツボ

関門をクリアできない場合は途中棄権となってしまう

完走時間だけでなく、関門が設定されているレースでは、タイムオーバーで途中棄権になってしまうケースがあります。アクシデントがあったときのレース続行の判断がカギを握ります。

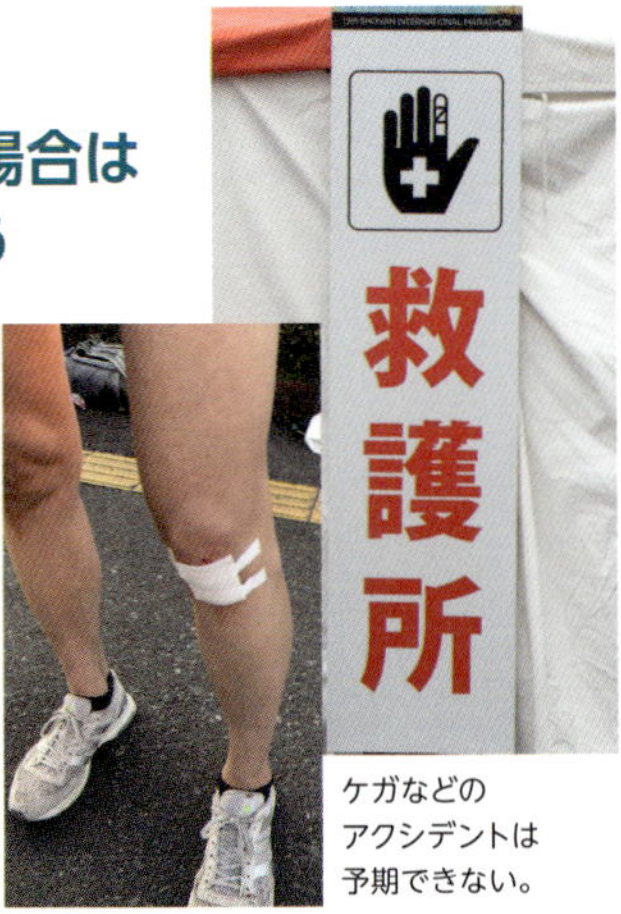

ケガなどのアクシデントは予期できない。

PART 5

POINT 1

関門をできるだけ余裕を持ってクリアしていく

100㎞レースの各関門制限時間：5時スタート（例）

距離	閉門時刻	スタートからのタイム
第1関門　10km	6時23分	1時間23分
第2関門　20km	7時39分	2時間39分
第3関門　30km	8時55分	3時間55分
第4関門　41km	10時20分	5時間20分
第5関門　50km	11時30分	6時間30分
第6関門　60km	12時48分	7時間48分
第7関門　69km	13時59分	8時間59分
第8関門　79.3km	15時19分	10時間19分
第9関門　91.5km	16時54分	11時間54分
ゴール　FINISH	18時00分	13時間

POINT 2

ゴールが難しい状況ならレースを仕切り直す

100㎞レースでは80㎞あたりの関門をクリアできず、途中棄権となってしまうケースが多いようです。レース前からのマネージメントのミス、練習不足や準備不足など様々な原因はありますが、制限時間内にゴールが難しい状況なら、レースを仕切り直すことも大切です。完走できないペースにも関わらず、苦しい状況で体に負荷を掛け続ける必要はありません。

＋《プラス》1 アドバイス

坂道は無理に走らず歩く判断も必要

一時的にコンディションが悪い程度なら、なんとか耐えて、レースに踏みとどまることもできるでしょう。疲労が蓄積し、坂道で足が出なくなれば、そこは歩いても構いません。スピードが同じなら無理にランニングフォームをとる必要はないでしょう。

ULTRA MARATHON コツ38

ラップタイム

完走タイムから割り出したラップタイムを刻む

５㎞ごとのラップタイムをチェックしながら走る

レース中はできるだけペースを上げ下げさせず、各セクションの注意点を意識して走ることがポイントになります。**あらかじめ想定していた５㎞のラップタイムに対し、どれぐらいの差があるのかチェックしながら走りましょう。**

このラップタイムは、目標タイム別に割り出し、事前にエイドステーションでのレストタイムも差し引いたもの。そのため予定していたエイドステーションでの休憩が必要以上に長くなったり、アクシデントで遅れが生じた場合は、それ以降のレースでの軌道修正や微調整が必要になります。

走りながら頭のなかで計算し、エイドステーションでの休憩時間を短縮するなどマネージメントしましょう。

完走のツボ

レストタイムを差し引いたラップタイムで走る

エイドステーションでの休憩タイムを差し引くことで、精度の高い目標ラップタイムが出せる。

5㎞のラップタイムは、エイドステーションでのレストタイムを差し引いて算定。7時間以内の完走を目標とするランナーの場合、5kmを20分ペースで走り、トータルで10分ぐらいのレストタイムしかありません。

目標タイム別距離ごとのラップタイム

100kmの目標タイム	7時間以内	7時間30分	8時間	9時間
平均タイム（km）	4分	4分15秒	4分30秒	5分
実質走行時間	6時間40分	7時間05分	7時間30分	8時間20分
エイド休憩の目安	10～20分	25分	30分	40分
5km	0:20:00	0:21:15	0:22:30	0:25:00
10km	0:40:00	0:42:30	0:45:00	0:50:00
20km	1:20:00	1:25:00	1:30:00	1:40:00
30km	2:00:00	2:07:30	2:15:00	2:30:00
40km	2:40:00	2:50:00	3:00:00	3:20:00
50km	3:20:00	3:32:30	3:45:00	4:10:00
60km	4:00:00	4:15:00	4:30:00	5:00:00
70km	4:40:00	4:57:30	5:15:00	5:50:00
80km	5:20:00	5:40:00	6:00:00	6:40:00
90km	6:00:00	6:22:30	6:45:00	7:30:00
100km	6:40:00	7:05:00	7:30:00	8:20:00

100kmの目標タイム	10時間	11時間	12時間	13時間
平均タイム（km）	5分30秒	6分	6分30秒	7分
実質走行時間	9時間10分	10時間	10時間50分	11時間40分
エイド休憩の目安	50分	1時間	1時間10分	1時間20分
5km	0:27:30	0:30:00	0:32:30	0:35:00
10km	0:55:00	1:00:00	1:05:00	1:10:00
20km	1:50:00	2:00:00	2:10:00	2:20:00
30km	2:45:00	3:00:00	3:15:00	3:30:00
40km	3:40:00	4:00:00	4:20:00	4:40:00
50km	4:35:00	5:00:00	5:25:00	5:50:00
60km	5:30:00	6:00:00	6:30:00	7:00:00
70km	6:25:00	7:00:00	7:35:00	8:10:00
80km	7:20:00	8:00:00	8:40:00	9:20:00
90km	8:15:00	9:00:00	9:45:00	10:30:00
100km	9:10:00	10:00:00	10:50:00	11:40:00

※数字はあくまで目安であり、スタート時のロスタイムやアクシデント等を加味しておりません。

ULTRA MARATHON コツ39

状況別の走り方

レースの状況に合わせて走りを変える

カーブと向かい風対策の走り方をマスターする

コースには起伏やカーブがあり、当日のコンディションによっては気温や湿度だけでなく、風雨も走りに影響します。**基本のランニングフォームはとても大切ですが、常に同じフォームで走るとは限りません。**状況に合った走り方を工夫して、1秒にこだわることがポイントです。100㎞という距離から考えると小さな「1秒」ですが、その積み重ねが完走タイムにつながります。

特にカーブや向かい風は、体力のロスにつながるので注意。カーブでの遠心力に耐え切れずスピードが落ちたり、向かい風によって体が起きあがってしまうと、足がスムーズに出にくくなります。

完走のツボ

コースの影響を受け過ぎず最後まで走り切る

コース状況や気候・コンディションに適応できる走り方を身につける。

コース上の構成や天候などのコンディションによって、走るペースが落ちてしまうとラップタイムに影響します。取り戻すための急なペースアップや走り自体の上げ下げは、リスクを伴うことになってしまいます。

POINT 1

やや前傾姿勢で風を切って走る

やや前傾姿勢をとって走る。

風を切るようにして体が起きあがらないようフォームを維持する。

POINT 2

カーブの出口付近をみてスピードを落とさない

できるたけ減速せずコーナーに入る。

コーナーの出口付近をみながら体をやや内側に傾けて遠心力に耐えてまわる。

ULTRA MARATHON コツ40

レース中のメンタル

メンタルを一定にしてモチベーションを維持する

レースの前後半でゴールに対する意識を変える

レース中は肉体的な疲労はもちろん、体力の低下とともにメンタル的にも厳しい状況におかれます。メンタルが耐え切れなくなると、走ること自体がとても苦しくなり、ついには足がストップしてしまいます。**そうならないためにも、メンタルを一定に維持し、走り続けることがポイントになります。**

前半は沿道の声援を力に変えてモチベーションを維持したり、目に飛び込んでくる風景を楽しむなども方法のひとつ。目標となるゴールまでの距離を一旦、頭から外してしまいましょう。

後半はラップタイムの目安となる5㎞だけでなく、残りの距離に対して、エイドステーションがいくつあるか数え、「あと○カ所」などとカウントしながら走ることも効果的です。

完走のツボ

メンタルをコントロールして最後まで走り切る

苦しいときこそ平常心を保ち、ゴールを目指して走る。

体力の消耗や筋肉疲労と戦うためには、ランナー自身のメンタルが重要です。ゴールに対して高いモチベーションを維持するためにも距離に応じたメンタルコントロールがポイントになります。

POINT 1 レース自体を楽しむことに専念する

レース序盤はゴールまでの距離がかなり残されているので、「あと○km」というような考え方をせず、沿道の声援や景色を楽しむような感覚で、走ることへのモチベーションを維持しましょう。

POINT 2 残りのエイドステーションをカウントダウンして走る

エイドステーションは、走っているランナーにとって目安。中盤から後半はゴールまで「あと○カ所」という具合に、エイドステーションの数をカウントしながら、ゴールまで走り切る。

POINT 3 飴や補給をとり気を紛らわせる

補給食を少しずつ摂って走るのも効果的。持っている飴やジェルなども、自分で決めたタイミングで口に入れる。次のタイミングまで我慢して走り、また口に入れる。これを繰り返す。

+1《プラス》 アドバイス

三つのアプローチで平常心を維持する

残っている距離に対して、いかに平常心で走ることができるかが大切です。「距離やゴールを意識せず、走ることを楽しむ」「走っていることを意識せず、ランに集中する」「ゴールを意識して最後の力を振り絞る」という三段階のアプローチが考えられます。

ULTRA MARATHON コツ41

ゴール

急に止まらず少し歩いてから休む

ウォーキングやストレッチを入れてから休息する

最後の力を振り絞って、完走したときの喜びはひとことで表現できません。一方で肉体的にも疲労のピークなので、完走の安堵からゴール直後に座り込んでしまうランナーもいます。**しかし、しっかりクールダウンやケアをせず休んでしまうことは、筋肉が硬直してしまいダメージが大きくなるので注意。**軽いウォーキングやストレッチを入れてから、休息に入りましょう。

このようなケアをするかしないかで、2~3日後の体のダメージが変わってきます。マッサージ等の施術は一時的には良いかもしれませんが、近くのプールや入浴施設などが案内されている大会なら、水で体を冷却するなどして、疲労解消を促すようにすることが効果的です。

完走のツボ

コンディション回復には入念なケアが重要

ゴール直後に座り込んでしまうのはNG。しっかりケアする。

100km走破は、考えている以上に人間の体や筋肉、内臓などにダメージを与えます。完走の喜びを噛み締めつつも、体をしっかりケアし、早期のコンディション回復につとめることが大切です。

POINT 1
急に止まらず歩いてから休む

ゴール直後に座り込んでしまうと、疲労物質を体に溜め込むだけでなく、筋肉が硬直してしまいます。ゆっくりで構わないので、少し歩いてから止まることを心がけましょう。

POINT 2
クールダウンストレッチで疲労物質を押し流す

ストレッチは、ウォーミングアップはもちろん、クールダウンでも大切です。しっかり筋肉を伸ばすことで血流を促進し、血液中にある疲労物質を押し流してくれます。

POINT 3
空腹だからといって急につめ込まない

長時間のランニングで胃腸にダメージを受けることもあります。空腹だからといって、一度にたくさんの食べ物を口にしないようにしましょう。消化の良い食材や麺類などで徐々に慣らしていくと良いでしょう。

+1《プラス》 アドバイス
次もチャレンジしたいと思えるように締めくくる

ゴール後、完走の喜びに浸ったり、他のランナーと健闘を称え合えるのもウルトラマラソンの醍醐味といえます。体が冷えないよう早めに着替えを済ませ、表彰式やアフターイベントに参加しましょう。「また次もチャレンジしたい」と思えることが大切です。

Column

レース本番にピークを持っていくための工夫

マラソンのトップ選手が、海外のトレーニングなどで、追い込むように長距離を走っているシーンがあるが、これはプロランナーによる特別な練習。あくまで距離に対する自信をつけるためのトレーニングであり、レースと比べれば、ペースは落として走っている。レースに影響しないよう、タイミングや負荷を考慮した綿密なトレーニング計画に沿った練習である。

ウルトラマラソンにおいても実際は、レース前に100㎞を走るような練習は行わない。ウルトラマラソンの元日本記録保持者である監修者の基本的な考え方は、「最大で8割の時間を経験すること」。100㎞を走るのは体に負担がかかり過ぎ、レースに対する怖さが植えつけられる。結果、走ることに対してポジティブな気持ちになれなくなってしまうことがあるので注意。また、トレーニングを行う時期を間違えると、疲労などの反動も出てレースに影響してしまう。

むしろ日常生活のなかに「平日は通常練習」「週末はウルトラマラソンの練習」というレース向けのサイクルを取り入れて、走ることを習慣化していくことが大事。レース直近は、練習量をセーブして調整段階に入り、コンディションのピークをレース当日にあわせていくことで持っている力を最大限に発揮する。

PART

6

ウルトラマラソンの
コンディショニング

ULTRA MARATHON コツ42

コンディショニング

心技体を整えてウルトラマラソンに挑戦

心技体が崩れてしまうと質の高い練習ができなくなる

100㎞走破は「心技体」の充実があってこそクリアできる大きな目標です。いずれかが崩れていれば、レースで無理なく完走するための、質の高い練習を続けていくことが難しくなってしまいます。心技体のすべてをバランスよく整えていくことで、常に高いパフォーマンスを発揮できるランナーになれるでしょう。

心技体の「心」は、日々の練習への取り組み方やレース本番でのメンタルの持ち方です。「技」は、走るうえでの根幹をなす走力やフォーム。練習計画からきちんと考え、効率よくレベルアップすることが求められます。「体」は体力であり、ケガの予防や食事、休養なども含まれます。**これら心技体がうまくかみ合ったとき、最大限のパフォーマンスを発揮できるのです。**

完走のツボ

メンタルの充実が良い走りにつながる

質の高い練習を継続するには、心技体の充実が欠かせない。

心技体で「心」の部分は、練習量やスピードと違って数値化できないため、見落としがち。心技体のすべてにアプローチしていくことが練習やレースを通じて、理想の走りの実現につながります。

POINT 1
練習計画を考えて進捗の度合いを把握する

ウルトラマラソンにおける「技」とは、フォームづくりや走力のことです。それぞれのスキルを磨く練習は、たくさんありますが、限られた練習時間の中で効率よく総合力を高めていくことがポイント。具体的な目標設定や綿密な練習計画から、考えていく必要があります。日々の練習に取り組んで行くなかで、自分の走りにどのような変化があるのか把握することも大切です。

POINT 2
トレーニングや食事で体力をアップさせる

レベルアップを目指すなら、技術面とともに体力面も向上していかなければなりません。日々の練習を継続すれば体力は向上していきますが、疲労が蓄積したり、体調を崩したり、ケガをするだけでコンディションは一気に落ちてしまいます。そうならないためには、体づくりの土台となる食事や休養にも気をつけて取り組んでみましょう。

POINT 3
壁にぶつかったときは心の持ち方を変える

日々の練習を積み重ねる「推進力」となるのがメンタルの強さです。しかし長い期間、走り続けていけば、コンディション的にスランプの時期もやってきます。そんなときは「なぜウルトラマラソンに挑戦するのか」と自問してみましょう。日々のトレーニングを「練習のための練習」にせず、心の持ち方や考え方を変えて、壁を乗り越えていきます。

+《プラス》1 アドバイス
ストレッチを入念に行いトレーニング効果をアップ

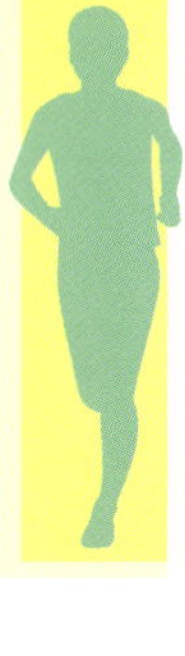

パフォーマンスの向上やケガの予防、疲労を残さないといった目的で練習の前後に行うのがストレッチです。ストレッチには精神的な緊張をやわらげるなど、心身のコンディション維持にもつながります。準備運動や整理運動とあわせて取り組みましょう。

ULTRA MARATHON コツ43

メニュー管理

トレーニング内容を管理してレベルアップする

長中短期に分けてトレーニング計画を立てる

トレーニング計画は、目指すレースから逆算しながら、長期・中期・短期でスパンを分けると良いでしょう。**一般のランナーなら長期は約1年、中期は半年、短期は1か月というスケジュールになります。**

長期は「ウルトラマラソンの完走タイム」を目指すための全体スケジューリングです。レース日から逆算して計画を立案します。中期では目標に対して体を慣らしていく時期なのか、鍛錬している時期なのか理解し、気候の変化や走力のアップ度合いなどをチェックし、以降の練習メニューに生かします。

短期的にはさらに細かくトレーニングに対して向き合い、週ごとの目標や課題に対しての到達度を把握していきます。

完走のツボ

目標クリアが難しいなら柔軟に対策を講じる

設定した目標が適正なのか、練習の進み具合も含めてチェックする。

練習の過程で新しい課題が見つかったら、課題を克服するための集中的なトレーニング(平日練習)で改善するのも方法のひとつ。難しいようなら、完走の目標タイムを修正するなど対策を講じます。

PART 6

POINT 1

体温や脈拍を測って体調を管理する

毎日定時に体温や脈拍、血圧を計測することで、体調管理やメンタルの緊張度を把握できます。本番が近づくにつれて緊張度が高まると、脈拍数は平時より高くなる傾向があるといわれています。

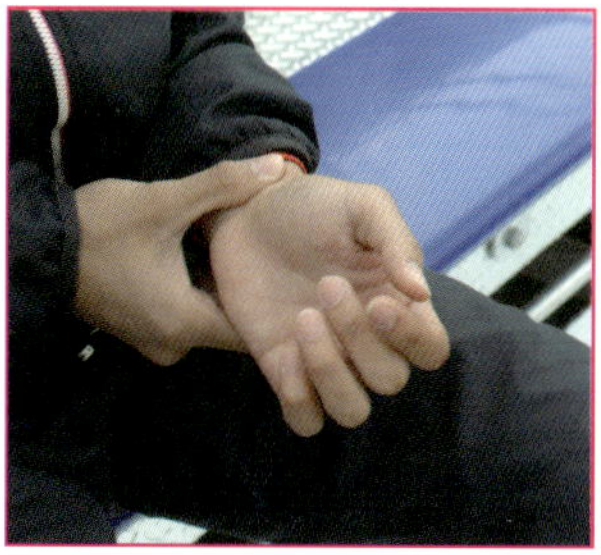

POINT 2

気温や湿度をチェックしてレースの対策を立てる

ランナーとして注意したいのが、気温や湿度の体の反応です。練習日の気温や湿度をチェックし、それに対して走った感覚がどうだったのか、把握しておくことで本番に役立ちます。

+《プラス》1 アドバイス

日々の記録をつけることでコンディションが把握できる

ランニングノートの記入項目例

日付／　天候／　気温・湿度／

練習時間／

練習の感想、反省　レース・競技記録／

レースの感想、反省　練習内容／

今後の課題・目標／

食事内容／　前日の睡眠時間

リカバリーのためのボディケア／　メンタルケア

コンディションに関する感想

その他気づいた事項
（起床時の心拍数、コーチ・チームメイトからのアドバイス、気になった出来事など）

ULTRA MARATHON コツ44

食事

バランスの良い食事から五大栄養素を摂る

必要な栄養素を摂ることでケガをしにくい体をつくる

ケガをしにくい体をつくることで練習を継続でき、体力・走力の部分を底上げしてくれます。そのような丈夫な体をつくり、疲労回復を早めるという点では、トレーニングだけでなく、毎日の食事をしっかり摂ることが重要です。

日常生活やランニングで使うエネルギーを確保したり、体の調子を整えたりする働きがある五大栄養素をバランスよく摂取することがポイント。食事は品数の多さを心がけると、よりバランスの取れた食事になります。

練習量が増える時期にはタンパク質を多く摂り、試合前の調整期には炭水化物やビタミン、ミネラルの豊富な食事を摂るなど、その都度メニューの工夫が必要になります。

完走のツボ

摂取カロリーを管理してランナー向きな体をつくる

栄養バランスのとれた食事がランナーの体をつくる。

ランナーは筋肉が適度についた、脂肪の少ないタイプの体が理想とされます。食習慣や体型によっては、カロリーコントロールも必要ですが、必要な栄養素を欠いてしまう食事はとても危険です。

POINT 1

五大栄養素を理解して日々の食事に取り入れる

5大栄養素とは、ごはんや麺類といった主食に多く含まれる「糖質」をはじめ、エネルギー源となる「脂質」、肉や魚、卵などから摂ることができる「タンパク質」、体の調子を整える「ミネラル」と「ビタミン」などです。これらの栄養素をバランスよく摂ることが大切。日常生活の三食から見直し、ランナーにとって最良の食事を考えてみましょう。

＋《プラス》1 アドバイス

三食プラス「補食」を摂ってエネルギーを確保する

三食の規則正しい食生活が理想です。もし1日三食ではボリュームが足りないときは、「補食」(間食)で食事の回数や量を増やして、必要なエネルギーを確保します。「朝抜き」や「夜だけ」のような食習慣で、空腹状態のまま走ることは避けなければなりません。

POINT 2

バランスのとれた食事からランナーに必要な栄養を摂る

炭水化物

糖質と炭水化物で構成され、体の主なエネルギー源になる。ご飯やパン、芋等に含まれる。

ミネラル

カルシウムや亜鉛等、体を円滑に動かす役割をし、海藻や肉、魚、乳製品等に含まれる。

たんぱく質

血液や筋肉などをつくり、免疫力向上を担う。肉や魚、大豆製品などに含まれる。

脂　質

持久力の源になる栄養素で、ビタミンの吸収を助ける。肉や魚、油脂などに含まれる。

ビタミン

体の潤滑油として代謝を助ける働きがある。緑黄色野菜や肉等に含まれる。

できるだけ体に優しい食材を選び、日常生活の食事のなかでバランス良く栄養を摂ることを心がける。

ULTRA MARATHON コツ45

水分補給

こまめな水分補給でパフォーマンスを維持する

レースだけでなく練習でも水分補給を意識する

体内の2％の水分が失われるだけで、ランニングのパフォーマンスに影響が出るといわれています。**これは本番のレースだけでなく、練習にも通じること。ランニング中のこまめな水分補給は欠かせません。**

水分補給には体に水を摂り入れることで、発汗により失った水分を補い、上昇した体温を下げる効果があります。暑熱環境下でのランニングでは、体の消耗を抑える効果もあるので、ノドの渇きを覚える前に、水分を摂る習慣を身につけましょう。

気象条件やトレーニング内容に応じて、摂取する量や頻度を変えること。たくさんの量を一気に摂ることもリスクがあるので、ガブ飲みはせず、1～2口の量をこまめに飲む方が良いでしょう。

完走のツボ

練習時はマイボトルを用意して水分摂取

練習でも常にこまめな水分補給を心がける。

練習時には、水やスポーツドリンク入りのボトルを用意しておくと良いでしょう。練習の合間や休憩時に1～2口摂取する習慣を身につけることで、レース本番での水分補給もスムーズにできるようになります。

ケガ

ケガをしたら焦らず治すことに集中する

ケガに影響のない部位を鍛えて回復を待つ

練習を続けていれば、思いもしないケガでトレーニングができない時期もあります。ランニングのケガで多い部位は、ヒザや足首、足底などです。どこか痛めた状態で無理して走ると、フォームが崩れてほかの部位も故障してしまいます。

もしケガをしてしまったときは、しっかり治すことに集中しましょう。他のランナーが元気に走っている姿を見ると、焦りが生じてくるもので、レースが迫っていればなおさらです。

そういうときこそ無理をせず、**ケガに影響しない心肺機能アップや体幹の補強トレーニングを行ったり、プールや自転車などを利用して運動量を確保することも方法のひとつ。**そうすればいざ本格的なランニングを再開したときの走力回復が早まります。

完走のツボ

ケガをしたら しっかり休む

痛めた箇所をかばって走ると、反対の足も痛めてしまうことがあります。ケガをした状態で無理をすることは、ランナーにとってハイリスクです。まずはケガを完治させることに専念しましょう。

ULTRA MARATHON コツ47

練習のメンタル

たくさんのランニング仲間がモチベーションを引きあげてくれる

練習前の重い気持ちを振り切って走り出す

最大で1年という長いスパンでウルトラマラソンを目指したとき、どうしても練習に対する意欲が低下してしまう時期があります。**いかにモチベーションを維持して、ポジティブなメンタルで練習に取り組めるかがポイントです。**

サークルやクラブチームに所属し、メンバーが集まって練習すれば、「集合時間」になると必然的にランニングモードに切り替わるので、練習の継続にはおすすめです。しかしランニング後の「アフター＝飲み会や会食」がメインになってしまうと、本来の目的から外れてしまいます。

1人で練習を継続していく場合は、スケジュールの綿密性はもちろん、続けていくことへの強い意志が求められます。

完走のツボ

葛藤を乗り越えてランニングを継続する

ときには音楽を聴いたり、読書するなどの気分転換が必要。

ランナーによっては、練習時間になると気持ちが重くなってしまうことがあるようです。ウエアに身をつつみ、シューズを履いて走り出すまでの「葛藤」をいかに克服するかが、ランニング継続のコツです。

休養日を設けてリフレッシュしてのぞむ

低負荷から高強度の練習に進み休養に入るサイクルをつくる

週末のウルトラマラソン用の練習後は、できれば休養に充てることにしましょう。激しい運動は、筋肉組織を損傷させますが、しっかり休養することで運動前よりも強くなる「超回復」というメカニズムが人間の体にはあるからです。

疲れた体でランニングを続けても疲労が蓄積し、どこか痛めてしまう要因にもなりかねません。積極的な休養は、トレーニングの一環と意識して行うことが大切。週が明けた月曜日も軽いジョギングやウォーキング程度からはじめ、火曜日以降に練習の負荷をあげていくことが理想です。このサイクルが定着すれば、レース本番にスムーズに入ることができ、いつも通りの実力を発揮することにつながります。

完走のツボ

休養をうまく取り入れて練習の質を向上する

休養日や軽い調整日を設けることにより、ランナーの体はプラスに進化する。

練習を休むことをマイナスにとらえてしまうランナーがいます。しかし休養なく練習を続けることは、肉体的・精神的にプラスにはなりません。積極的な休養は心身ともにリフレッシュし、練習の質を向上させます。

ULTRA MARATHON コツ49

準備運動

準備運動で体を温めてからランニングをスタートする

準備運動を習慣づけてコンディションを維持する

コンディションを良い状態でキープするためには、体のケアが重要です。練習やレース前には十分な準備運動を入れて、体を温めてから走ることでケガを防止することができます。また、走った後にもストレッチを行うことで、翌日以降のコンディションに好影響を与えます。**ストレッチは筋肉を伸ばすことで体を温め、ケガの原因となる疲労物質の除去を早めることができるのです。**

体の柔軟性をアップすることによって可動域を広げ、動作のクオリティを高める効果もあり、さらにはストレッチ動作に合わせて行う呼吸によって、自律神経が刺激されてメンタルが安定する効果があるともいわれています。

完走のツボ

ウォームアップとクールダウンで体をケア

練習前後のウォームアップとクールダウンがコンディションを整える。

準備運動と合わせて行うストレッチは、ウォームアップとクールダウン時に取り入れます。走る前に筋肉をしっかり伸ばすことでケガを防止し、走った後の入念なケアで翌日以降のコンディションも整えていきます。

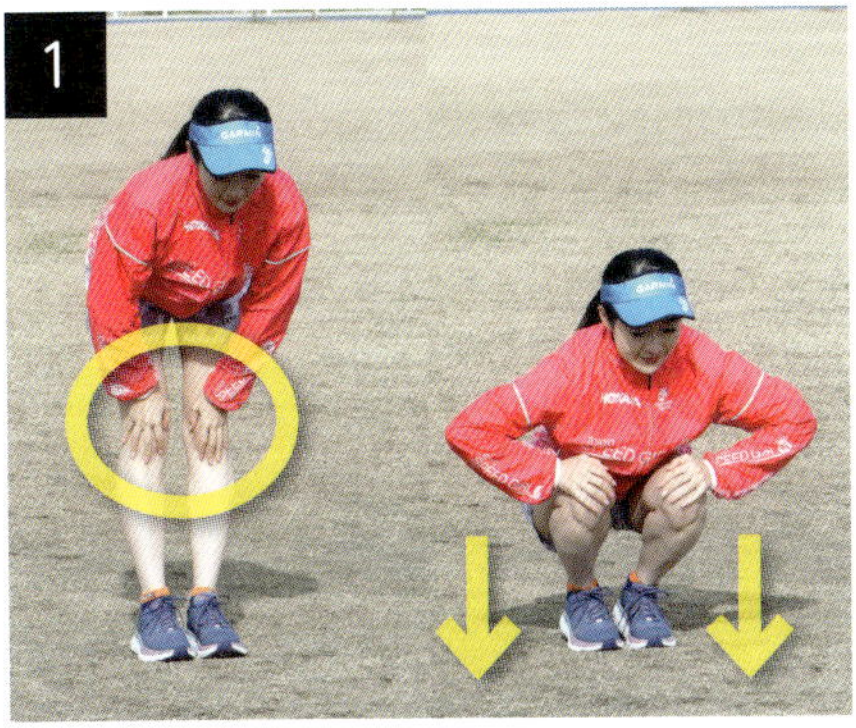

①ヒザに両手を乗せて
屈伸する。

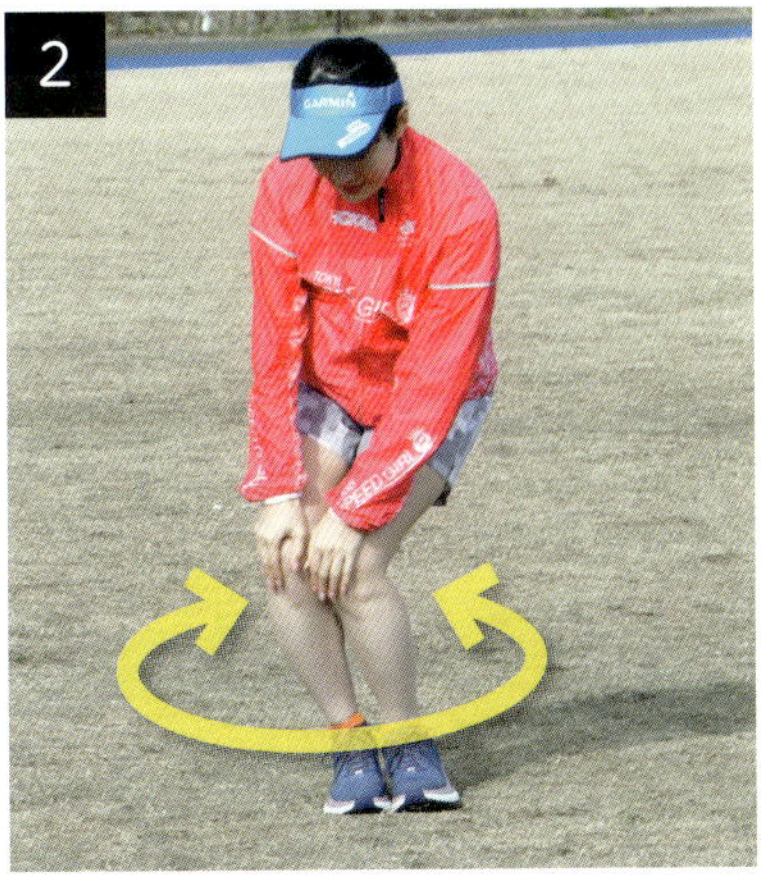

②両手を乗せたまま、
ゆっくりヒザをまわす。

③足を開いて肩を入れる。
両方行う。

④両足を開いて前屈。
両手を地面につける。

⑤体を起こして両手を広げ、
腰をゆっくり反る。

⑥足を開き、片手はヒザに置き、
もう片方の腕は頭上から逆方
向に伸ばす。

⑦足を開いたまま、
両手を伸ばして
上半身をまわす。

⑧腰に手を置き、足を前後に
開いて後ろ足を
ストレッチする。

⑨両足を前後に大きく開き、
前足側の手をカカトの後ろに
通して股関節まわりを伸ばす。

⑩両手を組んで手首をまわし、
同時にツマ先を地面につけて
足首も片側ずつまわす。

⑪腕を横に伸ばし、逆の腕で
ヒジの下から持ちあげて肩を
ストレッチする。両方行う。

⑫両ヒジを頭の上で持ち、
上半身を左右に倒す。

⑬両手を後ろで組んだまま、
前屈するようにして腕を上に
あげる。

⑭両腕を開いてから、
頭上にあげて肩甲骨まわりを
ストレッチする。

⑮両肩に指先をつけて、
固定したままヒジをまわす。

⑯両手を腰に当てたまま、
首をゆっくりまわす。
両方向まわす。

⑰両手を頭上で組んで頭を傾け、
戻す力で首を伸ばす。
力加減に注意する。

⑱両手でアゴを下から支え、
首筋を伸ばす。

⑲両腕をまっすぐ上に伸ばして、
下げながらゆっくり深呼吸する。

ケア

日常からのケアで自分の体に向き合う

ランナーが痛めやすい箇所を入念にケアする

ランニングの練習後には入念なケアで、体を整える必要があります。ストレッチやアイシングがその代表例ですが、練習を離れた日常生活のなかでも、ケアを心がけることでコンディションは向上します。**足底やフクラハギ、モモ、腰などランナーが痛めやすい箇所は、意識してケアすることが大切です。**

シューズやソックスがあっていないと、マメができてしまうことがあります。病院で処置するか、自分で行う場合は、消毒した針で穴を空けて水を抜いて絆創膏やキネシオテープ等で患部を保護します。

入浴時のマッサージでは、張っている箇所を軽くもみ込んで、血流を促進させて筋肉の緊張を和らげていきましょう。

完走のツボ

足底や足指の疲れをケアしながらケガを防ぐ

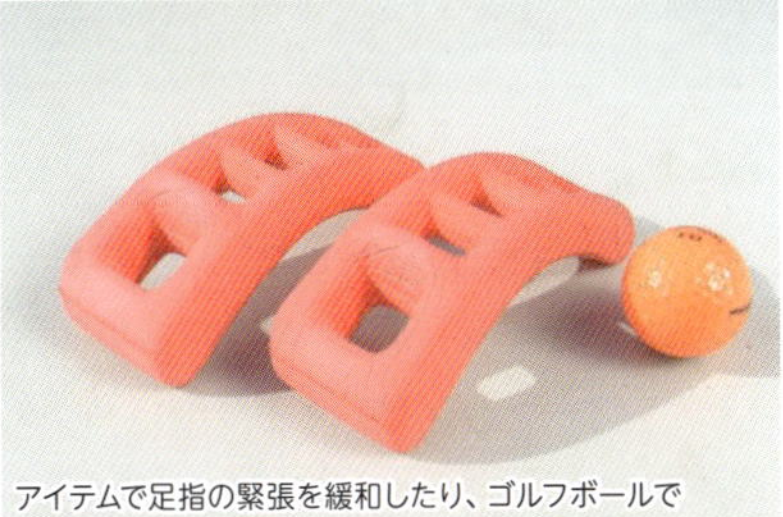

アイテムで足指の緊張を緩和したり、ゴルフボールで足底をほぐす。

練習を終えても、自分の体に向き合って調子が悪い箇所がないか、しっかりチェック。足底や足指は小さな筋肉の集まりで、疲労が溜まりやすい箇所なので、マッサージや器具を使ってケアしましょう。

監修／砂田貴裕

[記録]
ベルリンマラソン4位（フルマラソン）
2時間10分08秒

モデル／中山奈々

[記録]
つくばマラソン（フルマラソン）
3時間18分22秒

サロマ湖ウルトラマラソ（100km）
9時間48分43秒

スパルタスロン（246km）
34時間20分10秒

砂田貴裕（すなだたかひろ）

1973年生まれ。太成高等学校卒業後、大阪ガスに入社。1992年、防府読売マラソンで2時間15分30秒（U20 ジュニア日本最高記録、当時10代日本最高記録）を記録。1995年1月、東京シティハーフマラソンで1時間1分23秒を記録。アテネで行われたワールドカップマラソンに出場し、2位に入る。1998年6月、サロマ湖100キロウルトラマラソンで、6時間13分33秒と当時の世界最高記録で優勝。2018年6月にその記録が破られるまで、20年間にわたり100Kmウルトラマラソンの世界記録保持者になる。1999年5月にフランスで行われた100kmの大会（IAU世界大会）では、6時間26分06秒で3位。2000年4月のフランス100km大会（IAUヨーロッパ大会）では、6時間17分17秒で優勝。現在は、競技の一線を離れ、後進の指導にあたっている。

ウルトラマソン 必勝バイブル
正しい知識と攻略法で完走できる！

2019年3月5日　第1版・第1刷発行

監修者　砂田 貴裕（すなだ たかひろ）
発行者　メイツ出版株式会社
代表者　三渡　治
〒102-0093 東京都千代田区平河町一丁目1-8
TEL：03-5276-3050（編集・営業）
03-5276-3052（注文専用）
FAX：03-5276-3105
印　刷　三松堂株式会社

ご意見・ご感想はホームページから承っております。
メイツ出版ホームページアドレス http://www.mates-publishing.co.jp/

編集長：折居かおる　副編集長：堀明研斗　企画担当：堀明研斗